白居易

寫詩也能治國

言官敢直諫，詩人不唱和

唐代最不乖卻最清明的官

趙瑜 著

清廉自守、不依權貴、堅持進諫、主動辭官

他以一介詩人之身，將詩、政、德融為一體

詩名壓全唐，骨氣勝百官——詩魔白居易

進士及第

觀刈麥

宿紫閣山北村

直言進諫

琵琶行

忠州種樹東坡上

杭州治西湖

蘇州山塘燈火明

三教激辯

開鑿八節灘

目錄

生平記略

一

白居易是唐代偉大詩人，字樂天，號香山居士、醉吟先生。祖籍山西太原。生於大曆七年即西元七七二年，故於會昌六年即西元八四六年，享年七十五歲。

白居易出生在一個世敦儒業的中小仕宦家庭，祖父、父親等長輩皆為唐中期地方官員。白居易童年、少年時隨母親陳氏讀書學習，聰穎過人，勤奮刻苦。十一歲起，因戰亂而顛沛流離，由河南新鄭遷居徐州符離，還到過江南、宣州等多地。白居易堅持自學，透過大量讀書開闊了眼界，因小詩「野火燒不盡，春風吹又生」而初獲名聲。到貞元十六年（西元八〇〇年），二十九歲的白居易在長安進士及第，金榜題名。三年後參加吏部「書判拔萃科」銓試，得授祕書省校書郎入朝為官。結識元稹、李紳等才子。元和元年校書郎三年期滿，重新「守選」，再度參加吏部「制舉」大考，得以繼續為官。在準備期間，撰寫了著名的《策林》七十五篇，並以優異成績勝出「才識兼茂明於體用科」，完勝制舉大考。從二十九歲到三十五歲，白居易連續闖過進士、銓試、制舉三道科考大關，都是一次通過。這也是唐代吏治所必須經過的三道入官門檻，而他在朝中卻沒有任何靠山可倚，全憑滿腹才學一路打拚。人到中年時，白居易回顧這些考試：「中朝無緦麻之親，達官無半面之舊，策蹇步於利足之途，張空拳於戰文之場。」也可以說，白居易正是唐代科舉制度的受益者，最終考得京兆府周至縣尉一職。

二

在周至縣尉任上，白居易親身體會到民生之苦，了解和累積了基層工作經驗，對今後擔當大任很有意義。其間創作出〈觀刈麥〉、〈宿紫閣山北村〉和流芳千古的〈長恨歌〉等詩作，轟動朝野，名聲大振，遂於元和二年（西元八〇七年）回朝擔任皇室近臣翰林學士，次年擔任言官左拾遺、京兆府戶曹參軍，仍充翰林學士，日夜草擬詔書，積極進言奏諫，深度參與國政。他不畏權貴權臣，極言直諫，作《秦中吟》十首、《新樂府》五十首等一系列諷喻詩歌，傳遍官民之口，也警策了憲宗皇帝，成為中唐詩壇新樂府運動的代表性人物。白居易力倡詩文要「為君、為臣、為民、為物、為事而作，不為文而作」，他毫不避諱變革中唐的政治立場，忠實踐行《策林》治國思想，堅持「文章合為時而著，歌詩合為事而作」的理論主張，要把自身從政以來的強烈危機感，傳達給皇帝、高官、同僚、平民，讓困苦百姓洩導積怨，讓統治階層一朝清醒，讓整個社會回歸秩序，正本清源，除弊興邦。這一時段，史上對白居易評價至高。歷史學家高度肯定白居易的詩文，說：「質而言之，乃一部唐代《詩經》。」

白居易的諷喻詩，常常不計安危，把矛頭指向最高層的皇權帝王，儘管有唐朝「言官直諫」制度做保障，但自身安全仍然處在險惡環境之中。安史之亂後，中唐主要有三大危機，一是藩鎮作亂，二是宦官專權，三是牛李黨爭。由德宗帝始，朝廷力圖恢復盛唐偉業，到憲宗加大中興力道，而由盛轉衰頹局仍在持續。到元和四年（西元八〇九年），憲宗皇帝竟然任用宦官掛帥三年削藩，遭到白居易等人堅決反對，他不顧皇帝的面子，極言直諫，當廷指責「陛下錯了」，宦官怎能擔當統帥呢？因此觸怒了唐憲宗，當即召見中書舍人李絳，說：白居易小小臣子，竟出言不遜，應該把他趕出翰林院。李絳很正直，又很會說話，回帝曰：陛下能容直言真話，群臣才敢竭誠無隱。居易言雖少思，但其動機還是出於忠誠。您一旦責罰他，天下人都將緘口不言，這就不能廣納聰明才智，也就不能彰顯陛下的美德了。憲宗皇帝聞言而喜，善待白居易如初。

皇帝生氣，密令逐臣，誰敢不從？此事在史書上多有記載。白居易幸有良臣保護而躲過一劫，但危險依然存在。到了元和十年（西元八一五年），白居易為母丁憂三載回朝，官拜東宮左贊善大夫。這時，藩鎮刺客殺害宰相武元衡，重傷裴度，白居易憤而率先上書，請捕凶手歸案。他忽略了東宮屬官不可越級言政之律，遂遭舊勢力圍攻，抓住越職言事不放，力求對白懲處。憲宗皇帝無奈，詔貶白居易出朝，遠流江西為江州司馬（今江西九江）。

三

白居易在江州苦熬三載，總結往昔言官從政之道，堅信是非曲直終有公道評說。「試玉要燒三日滿，辨材須待七年期。周公恐懼流言日，王莽謙恭未篡時。向使當時身便死，一生真偽復誰知？」他靜心編書著文，寫成詩歌理論文章〈與元九書〉，完成組詩〈東南行一百韻〉，特別是創作出卓越的長詩〈琵琶行〉，這與〈長恨歌〉一起，成為文化經典。他以健康向上的樂天心態，修身養性於廬山草堂，度過了艱難的貶謫歲月，困境中保持「外服儒風，內宗梵行」，待之以時，準備著出山多做實事，為國盡忠。

三年後，白居易移任忠州刺史（今重慶忠縣），這是朝廷對貶謫官員逐步減輕處罰的一次轉折，謂之「量移」。白居易到忠州後，大力整頓地方行政，「寬刑均稅」，鼓勵生產。特別是帶領百姓大量植樹東坡，史上留有美名，忠州遂成三峽名郡。一直影響到北宋大家蘇軾仰慕效法，在黃岡城東親躬植樹，並將「東坡」一詞作為自號使用，竟比原名還要響亮……

四

元和十五年（西元八二〇年）秋，憲宗皇帝服丹駕崩，穆宗繼位，改年號為長慶。五十歲的白居易終於得詔回朝，進入為官從政順遂時期。在短短兩年中，白居易歷任尚書司門員外郎、主客郎中、知制誥、中書舍人，並授予最高一級榮譽勳號「上柱國」，升級朝散大夫，被唐穆宗視為漢朝司馬相如一樣的賢臣良相。

穆宗一朝，長慶初年，白居易深度參與國是，完成「中書制詔」兩百三十三篇。但是，穆宗帝卻未能繼承憲宗振興中唐大業，嬉娛無度，荒縱不法，常常對白居易的建議不予採納。反觀朝中，宦官專權跋扈，牛李黨爭激烈，白居易身處鬥爭中心，思想上苦不堪言，漸漸對朝政失去希望：與其留在宮廷混高官，不如請求外任腳踏實地做事，並可以獲得一份身心自由。長慶二年（西元八二二年）夏，白居易放棄百官垂涎的中書舍人高位，向唐穆宗提出外任請求，獲准外任杭州刺史。白居易認為這是「老逢不次恩，洗拔出泥滓」，他把皇宮聖殿比作渣滓泥潭，慶幸自己「洗拔」而出。

五

白居易在杭州刺史任內，「壓瘴一州除疾苦，呈豐萬井盡歡娛」，為黎民百姓做了許多實在的好事，深受民眾歡迎愛戴。最突出的兩項工程，一是築堤捍湖，讓西湖之水春蓄雨水，夏施灌溉，為民造福，旱澇保收；二是疏濬六井，讓杭州人民能夠飲用甜水，深化錢塘城市建設，更加熱戀杭城。兩件大事，興水利民，杭州從此日益繁榮起來，史上累有記載。正如他在杭州詩中所言：

我有大裘君未見，寬廣和暖如陽春。
此裘非繒亦非纊，裁以法度絮以仁。
刀尺鈍拙制未畢，出亦不獨裹一身。
若令在郡得五考，與君展覆杭州人。

若能容我在這裡五載任期，我就用一張講法度施仁政的厚大暖裘，庇護所有杭州人民，只是我「刀尺鈍拙制未畢」，暫時還沒有把這張大裘製作完成。

為了改革舊衙，加強法治，白居易在西湖工程竣工後，特地寫成一篇〈錢塘湖石記〉，採用官民都能讀懂的白話語言，把各項管理西湖的法規列入文中，刻於石上，至今仍立於西湖「白公堤」之畔。杭州人民世世代代緬懷白居易治水功德。

白居易在杭州，還為自己編成一部《白氏長慶集》七十五卷，宋時散佚四卷，今存七十一卷。集中將諸詩分成諷喻、閒適、感傷、雜律四種類型，揚兼濟之志，存獨善之心，吟朝政大事，歌世俗風情。當時流傳極廣，又惠及日本和朝鮮半島，在各地都產生了重大影響。

只可惜，白居易在杭州任官不足三年，朝廷高層再次發生劇變：唐穆宗久病臥床，盲目服用種種丹石怪藥，年僅三十歲突然駕崩。時年十六歲的太子李湛繼位，是為敬宗。長慶四年（西元八二四年）五月，詔命白居易卸任杭州，改授新職「太子右庶子」，乃東宮四品屬官。

白居易離杭北還，臨行時只帶走兩塊天竺石、一隻華亭鶴，卻將大筆的薪俸留給了杭州官庫。在今天看來，官場上不可能再發生這般「大公無私」之事，而《唐語林》卷二則記載了這件事，謂白刺史「及罷，俸錢多留官庫，繼守者公用不足，則假而復填。如是者五十餘年。」今人解釋，就是白居易拿出自己累積的俸祿，以此建立了一項公益基金，用於維護西湖堤閘的後續資財。五十年後，因黃巢造反邪火焚杭，唐末動亂，這項用私錢填公庫作為基金的行為始告終結。但是，到了清朝，名臣帥仙舟出任浙江巡撫，效法唐朝白居易，再修西湖，又留下俸祿填充官庫，是為繼承。帝師祁寯藻詩讚：「冷吟閒醉憶杭州，誰識清風宦跡留？一樣私錢付官庫，白香山後帥仙舟。」足見此舉傳承有緒，清衙一燈，拂世久遠……

清風石兩片，潔淨鶴一隻，白居易官船即將啟程。杭州百姓聞訊趕來，泣淚相送。白居易一首〈別州民〉字字千金，憂思深長：

耆老遮歸路，壺漿滿別筵。
甘棠無一樹，那得淚潸然。
稅重多貧戶，農飢足旱田。
唯留一湖水，與汝救凶年。

小詩雖短，向為歷代君臣珍愛，清乾隆皇帝欽定編入《御選唐宋詩醇》，以鞭策百官。

六

太子右庶子分司東都，是個閒職，即皇太子身在長安，而該官分司東都洛陽。這是唐朝獨有的一個現象。白居易很喜歡這種無權無勢的休閒狀況，打算在洛陽休息養老。困難點在於自家無房可住，需要修築新房或者購買。誰也想不到，剛從富饒大州卸任的刺史高官，都沒有這筆錢。他先是借住在好友楊歸厚府上，然後東拼西湊，又賣掉家中兩匹馬，勉強湊出了一些銀兩。這筆錢剛夠買進一處殘舊院落，也就是二手舊房老院子，又必須重新裝修才能入住。白居易愁上心頭，看看身邊，只剩下兩顆怪石、一隻白鶴，囊中再無餘錢可用。時河南府衙治所設在洛陽，府尹王起乃白公同年進士，王起敬佩白公清廉，遂慨然出資，幫助白家裝修舊院舊房。白居易豪酒謝過，這才攜家入住「履道里」新居。

長慶四年（西元八二四年）結束，唐敬宗改年號為寶曆元年。白居易剛剛在洛陽安定下來，三月忽然接詔，任命白居易接任蘇州刺史。蘇杭二州，人間天堂，樂天已占其一，復任其二，豈非恍惚夢中？應該說，是裴度、李程、竇易直三位宰相，共同推舉治理杭州有功者白居易，擔任了「江南諸州，蘇為最大」的蘇州主官。

七

伏身衙案，暮鼓晨鐘，白居易初到蘇州，日以繼夜地了解州情，「版圖十萬戶，兵籍五千人」，「朝亦視簿書，暮亦視簿書」，一連兩個月不願放鬆休息，初步決定「削使科條簡，攤令賦役均」，認為治理蘇州必須簡政均稅，減輕州民負擔，使疲憊百姓休養生息，同時需要像杭州那樣，依水興利，開路修堤，改善「土雖沃而尚勞，人徒庶而未富」之現狀，解決「兵數不少，稅額至多」等難題。

唐代文傑詩豪多為治郡能臣，白居易同樣如此，他絕不是一個單純詩者。好詩往往是做官做事做人的感悟結晶而已。白居易觀察蘇州，人口固然稠密，但限制發展的因素很多，如城西閶門到虎丘彼岸，七里之間沼澤氾濫，山塘水面阻隔，人貨往來必須搖櫓乘舟，以致遠道繞行，成為限制經濟繁榮一大瓶頸。這就需要修築既可行舟又能行車的穩固堤防道路，堤下一條河，堤上一條路，促進蘇州經濟發展。

白刺史動員民眾，說做就做，挖掘山塘河泥堆於堤岸之上，又以石頭砌牢長堤，繼以桃李楊柳植固堤基並增添景致，讓山塘變成一條水陸並行的七里長街，商街傍河，河堤固街，間有多座拱橋跨越兩廂，與老城區連成一片。

千年後，曹雪芹在《紅樓夢》第一回讚道：「最是紅塵中一二等富貴風流之地。」下山塘去虎丘，遊逛「姑蘇第一街」，只需問達「居易碼頭」即可。那裡修有一座紀念白居易的功德祠堂。

白居易作詩〈武丘寺路〉，慶賀山塘堤路建成。讀者當可細品：

自開山寺路，水陸往來頻。
銀勒牽驕馬，花船載麗人。
芰荷生欲遍，桃李種仍新。
好住湖堤上，長留一道春。

蘇州水巷遍布，小橋涵洞不高。為了方便往返巡查，白居易特地打造了一條低篷小官船。時而堤頭縱馬，時而下河乘舟，訪底層，察疾苦，解民瘼，判疑案，極盡郡守之責。一年當中，僅山塘堤路往復巡查達到十二次。他時常登臨閶門城樓，舉目四望，抒發治郡豪情：「閶門四望鬱蒼蒼，始覺州雄土俗強。十萬夫家供課稅，五千子弟守封疆。闔閭城碧鋪秋草，烏鵲橋紅帶夕陽。處處樓前飄管吹，家家門外泊舟航……」白居易年過半百，猶存報國之志，只要條件允許，他就要激發自身與百姓的熱情，造福一方，為百姓多做實在的好事，盡力減少民眾疾苦。因此，民眾愛戴他，史上留政聲。

寶曆二年（西元八二六年）九月，白居易因為腰傷、眼疾等病痛，告請百日長假，辭去蘇州刺史。這一回，他將兩塊太湖石帶往洛陽，安放於家園履道坊，別杭州兩塊天竺石，別蘇州兩塊太湖石，日日觀賞，永作紀念。

和告別杭州一樣，州民百姓揮淚相送好官。山塘堤畔扶老攜幼，姑蘇河裡舟楫送行，有船隻一直送到十里之外，舉手長勞勞，官船揚帆去，情景感人至深。白居易好友劉禹錫為此作〈白太守行〉以記深情：

聞有白太守，拋官歸舊溪。

蘇州十萬戶，盡作嬰兒啼。

太守駐行舟，閶門草萋萋。
揮袂謝啼者，依然兩眉低。

「蘇州十萬戶，盡作嬰兒啼」，詩句明顯誇張，卻是極高的獎賞，彌足珍貴。

八

白居易官船出蘇州，停泊揚州第一站。劉禹錫卸任和州刺史，在這裡與白居易不期而遇，劉白喜出望外，二人攜手北返。如果說，元稹是樂天前半生至交，劉禹錫便是樂天後半生知己，前者稱元白，後者稱劉白，當年及身後享有盛名。

劉白從容同返洛陽，沿途遍覽名勝。無官一身輕，難得自由人，醉飲歌詩，十分暢快。對此樂天詩曰：「馬辭轅下頭高舉，鶴出籠中翅大開」，劉禹錫途中宴上亦有名句「沉舟側畔千帆過，病樹前頭萬木春」，境界高遠，千載傳吟。

白居易長年作詩紀事，重視「根情、苗言、華聲、實義」，「補察時政，洩導人情」，已經形成一種生活習慣。就像元稹評論白居易，「每公私感憤，道義激揚，朋友切磨，古今成敗，日月遷逝，光景慘舒，山川勝勢，風雲景色，當花對酒，樂罷哀餘，通滯屈伸，悲歡合散，至於疾恙窮身，悼懷惜逝，凡所對遇異於常者，則欲賦詩。」元鎮一氣列舉十幾種情景，狀寫這位大唐「詩王」創作習慣，很令人驚嘆。唐代文豪詩傑對於詩歌意像極具感悟能力，詩性情懷遠超所有朝代，今人猶不可及。

白居易更是李白、杜甫之後一位突出代表，他詩學博大，吐納萬象，凡天地之大、蟲魚之微，盡在千百首長短詩中，無論是「美刺興比」的諷喻大作，還是閒適感傷的生命小詩，處處充滿了生活真諦和人性光輝。於凡俗中見偉大，在自然中有絕卓。

這是身為詩人的白居易。簡短小傳，恕不詳說了。

九

白居易和劉禹錫從容地遊返洛陽，卻不知朝中又一次發生了激烈事變。寶曆二年（西元八二六年）臘月初八，晚膳之後，十九歲的敬宗皇帝李湛，指揮宦官劉克明、蘇佐明等一行人，在宮殿內外捕獵夜狐，深夜收兵回到興慶宮。待李湛酒酣頭昏，進入內室更衣之際，燈燭突然熄滅，劉克明等三人迅疾衝入內室，竟將這位敬宗皇帝活活掐死。當晚劉、蘇偽造詔書，擁立絳王李悟統領國事。豈料另一派大宦官王守澄、梁文謙更加凶殘，當即調來神策軍，聯合丞相裴度，誅討劉、蘇逆閹弒君之罪。深宮血光四濺，劉、蘇一派百餘名奸賊以及絳王李悟，盡數死於神策軍刀下。得勝者隨即擁立前帝穆宗次子李昂登基，是為文宗，改元「大和」。

白居易於大和元年（西元八二七年）早春回到洛陽家中，時逢胞弟白行簡病故，年僅五十歲。白居易四兄弟先後亡故三人，眼下如今只剩他孤身一人，他手牽小姪龜兒，「仰天一號，心皆破碎」。聯想到朝廷內亂，閹奴竟敢弒殺天子，吾唐還有什麼希望？「孤苦伶仃，又加衰疾，殆無生意，豈有宦情」，白居易滿腔熱血正在冷卻下來。

而新帝文宗李昂，有別於前朝穆宗和敬宗，《資治通鑑》評價他「深知兩朝之弊，及即位勵精圖治，去奢從儉」，志在重整山河。他遵從裴度和韋處厚兩位宰相意願，陸續詔命重臣崔群、李絳、錢徽、崔植等一批忠良之人還朝，擔任要職整頓班秩。這批重臣加上兩位宰相，皆是白居易當年同僚好友。到三月十七，黃紙詔書忽降洛陽，詔命白居易回朝，授任三品高官「祕書監」，並賜金紫袍。

不思宦情之人，偏有榮官加身。祕書監一職乃祕書省主官，十分尊貴，名相魏徵曾任此官，「掌邦國經籍圖書之事」，屬下大批才子。青年白居易入朝初始，就是以該署校書郎為起點走向漫漫政壇生涯的。如今五十六歲回到祕書省成為主官，人生命運之奇殊難預料。

文宗帝除弊思變，符合白居易追尋貞觀之治的政治理想，祕書監之職也符合自身口味，白公欣然前往長安赴任。

祕書省實際上為朝廷內設機構，直接為皇室服務：唐帝國很善於汲取歷史經驗教訓，上層的閱讀能力很強，天子也要「朝夕觀書」，視圖書典籍為祕寶，「祕書」一詞原意如此。祕書省和集賢殿均有大量藏書。《唐會要》載，開成元年（西元八三六年），祕書省四庫藏有各類書籍達五萬六千四百七十六卷，集賢院則更多。祕書省之下還有著作局，長年與集賢院共同編纂國史檔案，兩署主官均由宿學巨儒擔任，一起監管弘文館和國子監，學員及外國留學生達萬人之眾。許多青年才俊皆由祕書省起家……

唐文宗召回白居易出任祕書監，是希望一代鴻儒在思想倫理和宗教哲學方面，在政治運作上發揮調和作用。白居易回京當年秋天，唐文宗在麟德殿舉行一項大型講學活動。白居易代表當朝儒學最高權威，領銜儒學「第一座」，與佛教大師、道家大師展開三方激辯，三大教門各抒己見，允許往來思辨衝突，唐文宗親自坐鎮聽講，乃名副其實的高峰論壇。白居易維護正統儒學思想，又通佛明道，在論辯中對應如流，妙語連珠，聞者無不喝采。結果，三教激辯「初若矛戟森然相向，後類江河同歸於海」，各方理學殊途同歸，文宗大悅。此類論壇在唐朝時有舉辦，這次則因白居易和他的一篇〈三教論衡〉而引起轟動，史上流芳。正是這種經常不斷的持續討論，豐富和完善了古代思想體系，而非我獨尊一言堂。正如陳寅恪先生所說：「自晉至今，言中國之思想，可以儒釋道三教代表之。」在中國千百年的思想史上，儒釋道三教論戰有時是激烈的矛盾的，有時是融合的並存的，白居易和他的〈三教論衡〉做出了一定的貢獻。他自己的大量詩文作品也是三教思想融合一體的結晶。白居易一生當中，在佛門和道教方面都有很多知音和朋友。

十

白居易榮任祕書監一年後，皇室冊封他一個「晉陽縣男」的爵位，並授「永業田」五百畝世襲耕種，表示皇帝將白家譽為宗室成員看待。爵與勳，都是唐朝獎勵官員的榮譽尊號，與實際官職和散階並不相關。前述穆宗朝曾經授予白居易最高一級勳號「上柱國」，是很高的榮譽象徵。

與此同時，白居易改官刑部侍郎，成為六部大員，身居要職。他在上任之後不斷告誡自己：「秋官月俸八九萬，豈徒遣爾身溫足？勤操丹筆念黃沙，莫使飢寒囚滯獄。」白居易恪盡職守，又非常謹慎。他十分清楚，刑部侍郎（古稱秋官）是一個僅次於尚書的國家級大法官，地位顯赫，甚至此乃步入宰相的關鍵一環，但白居易偏偏顧慮重重，原因在於白公看清了朝廷官場危機險惡。他知足知退，不慕名利，逐漸生出了退官之意。有歷史學家一語道破：「樂天之思想，一言以蔽之曰『知足』，知足之旨，由老子知足不辱而來。」

刑部侍郎白居易，看清了當時的危機展現在以下幾個方面：一是文宗皇帝年輕急躁而謀略不足，集中展現在人事調動頻繁，朝令夕改，顧此失彼，久之必釀橫暴大災；二是宦官們擅權跋扈，賢臣良將屢受牽制，造成中唐復興的巨大障礙；三是牛李黨爭白熱化，兩黨爭相排擠對方，同時調任同夥入朝形成派系，白居易不願參與其中，「不能與之同立於朝」；四是忠良重臣垂垂老已，身心俱疲相繼亡故：宰相韋處厚當朝發病暴亡，吏部尚書錢徽、戶部尚書崔植、御史大夫孔戢，半月之內接連逝去，老臣裴度獨臂難支，勢單力薄，中唐復興竟成泡影。總之是大唐已衰，奮進無望，白詩「人間禍福愚難料，世上風波老不禁」，表面繁榮，恰是退隱良機，得一職而隱洛，持高俸而閒居，何必虛懷奢念而身處高危？白居易越是順遂越清醒，同於俗人又別於俗人。

大和三年（西元八二九年）三月末，白居易長告百日假滿，例為辭職，萬幸改授太子賓客分司東都。辭官得官正三品，「我拋刑部侍郎歸」。白居易如願以償，「倚瘡老馬收蹄立，避箭高鴻盡翅飛」，他吟唱著詩句，「中隱」洛陽而去。古往今來，白公境界與智慧，實屬罕見。

這一年，白居易五十八歲。此後，他再也沒有回返帝都。

妄進者常常身敗名裂，退守者卻能家福平安。白居易自創「中隱」思想，於後世影響深遠，被仕途不暢者廣為效法，消極運用至今……亦有評論者讚許白公這種與腐朽王朝，不合作也不介入的獨立精神，認為一位身居高位之官，能夠主動清醒退出，堅持潔身自好，又是十分可貴的。

十一

到大和五年（西元八三一年），白居易身在洛陽，於遲疑之間出任河南府尹。這一年，他三歲的兒子阿崔，突然生病而亡，緊接著，他平生最親密的好朋友元稹和崔群又先後逝去，對白居易造成了巨大的身心痛苦。

在河南府尹任上，白居易看到人民貧苦艱辛，尤感不安，「百姓多寒無可救，一身獨暖亦何情。心中為念農桑苦，耳裡如聞飢凍聲」，他希望「爭得大裘長萬丈，與君都蓋洛陽城」。一片愛民之心。他在府衙廳堂題寫詩句：「推誠廢鉤距，示恥用蒲鞭」，大有深意：鉤距乃一種古代兵器，代指對罪犯不要刑訊逼供，要真誠寬仁，注重調查研究；蒲鞭示恥，指對待有過錯的黎庶百姓，應效法漢代前賢，只以蒲草為鞭以示懲戒，杜絕嚴刑拷打，讓他知恥知錯，不致皮肉受苦而真心改過。

大和七年（西元八三三年）四月，白居易長告病假，辭去河南府尹，復授太子賓客分司東都。次年九月，唐文宗詔命白居易除任同州刺史。同州（今陝西渭南大荔）輔衛長安，為京畿東部要衝，向為重臣守護之地。此任說明了天子對白公的信任，俸祿尤豐。而這回，白居易堅辭棄任，不再遲疑。此時他已進入一種高遠境界，「進退者誰非我事，世間寵辱常紛紛。我心與世兩相忘，時事雖聞如不聞……」他深深知曉「吾道本迂拙，世途多險艱」，寧願淡泊悠閒，不肯入朝角逐。

白居易屢次辭官，不爭權，不謀錢，還打算賣掉長安城裡新昌宅院，「聊充送老資」，與朝中爭焰之風形成鮮明對比，反而倍受君臣讚許。唐文宗隨即決定另派劉禹錫前往同州補缺，轉而詔授白居易升遷「太子少傅」，進封「馮翊縣開國侯」，加官晉爵，完全出人意料。太子少傅一職與少師、少保並稱「太子三少」，比原先的「太子賓客」更高一階，官秩正二品。馮翊縣開國侯，亦比原先的「晉陽縣男」爵位高出幾格，也是功勳大員才能配得上。白居易面對殊榮卻很謙虛自省：「形容逐日老，官秩隨年高……默默心自問，於國有何勞？」又說，「留侯爵秩誠虛貴，疏受生涯未苦貧。月俸百千官二品，朝廷僱我作閒人」。

月俸百千，即十萬銅錢，折合白銀一百兩。白居易詩中常常談及俸祿收入，平生官俸和家財一向公開，坦坦蕩蕩不遮不掩，也為後人研究唐政留下了可以考證的史料。

白居易九月辭官同州，是因為看穿了朝廷危機險惡，要避禍東都，安度晚年。十月加封升遷，待到十一月下旬，長安突發慘烈災難，應證了白居易幾年來所有的焦慮和預感：宦官陣營殘暴凶惡，加上當朝宰相諸臣機謀不當，導致宦官陣營挾持文宗皇帝控於內宮，指揮禁軍大開殺戒，四宰相及近千名高官及其家屬，血肉噴濺，盡遭殺害。朝中屍橫遍地，城頭血首高懸，史稱「甘露之變」。

甘露之變大慘案，遠超白居易等善良人臣的預期，致使中晚唐政治情勢急遽惡化。《資治通鑑．唐紀》記載慘案之後，「宦官氣益盛，脅迫天子，下視宰相，陵暴朝士如草芥」，皇帝群臣人人自危。唐文帝為驅除朝野驚恐晦氣，只好大赦天下，免除京兆府一年賦稅，並以變更年號之法辭舊歲迎新春。

於是大和九年在屍山血海中結束，開成元年（西元八三六年）與慘淡冰雪一同飄落人間。

十二

開成元年春夏，六十五歲的白居易埋頭編輯詩文總集。幾十年心路歷程有喜有悲，甘苦自知。前前後後總共編成《白氏文集》七十五卷，彙集平生詩文三千四百八十七種，託付給洛陽聖善寺等廟堂收藏。繼《元白長慶集》之後，又編成《劉白唱和集》四卷。幾種文集歷代刊印不斷，乃流傳後世。

白居易年輕時，和韓愈、柳宗元、劉禹錫等同朝諸公一樣，從治國設計利弊考量，主張在國家政治經濟生活中排佛抑佛，但是，白公自身並不懷疑佛教所弘揚的寬善思想。他晚歲不涉政壇，遍遊山寺，更將佛門意趣融入「中隱」生活。禪宗淨土，香山古寺，修心坐禪，在家出家，持齋研經，如夢如仙。幾年前，老友元稹病逝，白居易含悲提筆，替這位大詩人寫成墓誌銘，元稹遺孀送來了大筆酬金。白公百般推辭，無奈收下，隨即將這筆錢悉數捐獻，用以修繕香山古寺，讓寺院煥然一新，白居易始得心安。他結合佛學思想與修養人生，常常「手把楊枝臨水坐，閒思往事似前身」，遁入高深莫測之境：

花非花，霧非霧。
夜半來，天明去。
來如春夢幾多時，
去似朝雲無覓處。

這首〈花非花〉字少意深，或為中國早期朦朧詩傑作，歷代文人都在尋覓其中妙處。今有學者認為：白居易晚年崇佛信佛，從理論興趣轉向調和人生，佛門於他「既是現實的棲隱之所，也是人生的新境界；既是自我屏翳的迷霧，也是自我認知的金篦。」白公晚年創作了大量閒適佳作，比之前期入世干政的諷喻詩，更具探究人生生命的深廣情懷。他打通了文學與佛學之間的心靈通道，獲得了真正的身心自由。注重這一點，對我們完整地認識白居易，很有幫助。細品其〈憶江南〉，始知唯有至善大愛之人，才能寫出如此美妙詩詞；再讀白公〈病中詩十五首〉，一如老弱病殘者得獲靈丹妙藥，讀詩可愈，「頭風若見詩應愈，齒折仍誇笑不妨」，「身作醫王心是藥，不勞和扁到門前」，有這般豁達敞亮的佛家心態，還需要拜請秦和、扁鵲諸位良醫嗎？我自己就是醫王呀。

開成三年（西元八三八年），白居易在風痹病癒之後精神更加灑脫達觀。別人說他身材瘦弱，他就回應說：比起瘦鶴來，我已經很肥啦，且將自己戲稱「瘦仙」；來客與他談論長安時政，他當即揮就一首〈贈談客〉：「請君休說長安事，膝上風清琴正調。」那些朝廷爭鬥亂事與我何干，沒看見我正在調試琴弦嗎？

這一年，白居易推出一篇任性奇文〈醉吟先生傳〉，完美表達自己晚年人生態度，魅力四射，再度引發熱議，廣為傳抄吟誦。如果將此性情奇文與早年〈長恨歌〉、《秦中吟》、《新樂府》、〈琵琶行〉結合在一起品味，基本上可以貫通概括白居易一生。此為筋骨，其餘千百首詩篇乃是血肉。白公依從人性的高官隱歸之道，令人神往，成為同時代為官者學習模仿的榜樣，一直影響到宋朝以後仕官群體，每逢專制亂政，便以消極安樂代替激進反抗的選擇取向。樂天中隱，影響彌深。

十三

開成五年（西元八四〇年），甘露之變的陰影久未淡去，當朝皇帝文宗李昂，三十二歲抑鬱而終。其弟李炎繼位，是為武宗，次年改為會昌元年。到這時，白居易已經閱歷了八位皇帝：出生那年是唐代宗；九歲時為唐德宗，直到進士及第；入朝三載成唐順宗；不久是唐憲宗；貶謫江州轉忠州，改唐穆宗；到杭州上任不久是唐敬宗；辭蘇州後是唐文宗；眼下白公七十歲，唐武宗登基。回首往事，欄杆拍遍，悲喜交加，白居易見證了大唐中期時起時伏由盛轉衰的複雜過程，真可謂歷盡滄桑。

唐武宗往上，穆宗為父，敬宗、文宗為兄，父子四人接連稱帝，史上罕有，政績各異，但在振興中唐方面，四帝尤以當今武宗為佳。白居易從內心深處始終期待和支持中興大業，往往身體力行，盡力維護著皇朝秩序。

這年白居易七十歲，依唐朝律例應該告別官位，致仕退休。致仕，相對入仕而言，即把官職退還皇權。但七十而退律法，在安史之亂以後，竟已放寬，並非硬性規則，許多老齡高官貪圖榮貴，往往不願主動退職。白居易曾於不惑之年作《秦中吟》十首，內中一首〈不致仕〉，專門抨擊諷喻老而不退現象：「七十而致仕，禮法有明文。何乃貪榮者，斯言如不聞？可憐八九十，齒墮雙眸昏。朝露貪名利，夕陽憂子孫……」當時引發官場震盪。而今會昌元年（西元八四一年）之春，早年詩者年亦古稀，白公能否知行如一？能否主動退官致仕？須知退官無職吏部將會依例停俸，要一直等到朝廷正式批准，致仕官員始可依照級別享受待遇：五品以上可得半俸，五品以下朝廷不再供養，一如平民。白居易認為，大唐高官應當自發地維護禮法，到齡主動辭官，不可尸位素餐。自身於大和九年（西元八三五年）得授太子少傅，「月俸百千官二品，朝廷僱我作閒人」，榮官厚祿業已六個年頭，難道還不滿足嗎？所以必須遵守禮法，主動辭官。至於朝廷何時正式核准致仕，批示下來又核定哪級官職半俸，都不去管它，停俸則停俸，平民就平民。

會昌元年（西元八四一年）正月，白居易不顧親朋反對，主動長告百日長假，辭去太子少傅官職，到四月循例罷官，停止了二品俸祿，此後改稱「白衣居士」，心態安然。

回顧白居易仕途生涯，先後共有五次自主退官：第一次是寶曆二年（西元八二六年），五十五歲告辭蘇州刺史。第二次是大和三年（西元八二九年），五十八歲告辭刑部侍郎。第三次是大和七年（西元八三三年），六十二歲告辭河南府尹。第四次是大和九年（西元八三五年），六十四歲辭退同州刺史。第五次就是這回，會昌元年（西元八四一年），七十歲告辭太子少傅。接連五次主動退官，這在各個朝代官員中，實屬罕有。白公高風可見一斑。他也由此避開了朝中無數凶險，得到全身自由，「人言世事何時了，我是人間事了人」。

歇官停俸之後，白居易一家陷入節儉貧憂之中，「二年忘卻問家事，門庭多草廚少煙。庖童朝告鹽米盡，侍婢暮訴衣裳穿」，而朝廷批准致仕之文一直沒有消息，白居易面對「妻孥不悅甥姪悶」之現狀，「起來與爾畫生計，薄產處置有後先。先賣南坊十畝園，次賣東都五頃田，然後兼賣所居宅，彷彿獲緡二三千。半與爾充衣食費，半與吾供酒肉錢」。這就是唐朝二品廉官主動致仕之後的困頓生活。以上諸項房田是否賣掉，實情不詳，但白家遣散伎伶、賣掉馬匹以節省開支，則是真實有據的。

直到會昌三年（西元八四三年）春天，白居易才正式得到退休詔令，準以刑部尚書致仕。由此可得正三品官員半俸，而前後停俸空窗期長達兩年之久。

十四

白居易七十二歲詔批致仕，正式告別了漫長的仕官政壇。實可謂「歷官二十任，食祿四十年」，乃古代「官文合一」的卓越典範。

所謂歷官二十任，概取整數而已，細查或有差異。後人說起樂天終官，皆以二品太子少傅或三品刑部尚書為準，多稱「白少傅」。逝後帝贈「尚書右僕射」為榮譽加封。白公還有勳位「上柱國」，爵位「馮翊縣開國侯」等，因不算職事官稱，也就很少提及了。

就在白居易告辭太子少傅，等待詔批致仕之際，當朝新帝唐武宗思賢若渴，決計調派白居易回朝，與李德裕共同出任宰相，輔佐新政。當武宗垂詢李德裕時，李卻以白公身體欠佳為由，橫加阻攔，李又不願擔當嫉賢妒能之名，遂轉而舉薦樂天從弟白敏中，入為翰林學士，後遷中書舍人。此事在《舊唐書》及《資治通鑑》中均有記載，惜白居易晚年差一點做了宰相。不過這也成就了白氏家庭耀眼榮光，白敏中於幾年後擔起了宰相重任，成為中晚唐政壇新星，亦是李德裕所不能預料的……

白居易退休以後，感到自己時光無多，很想再為百姓做點事。月有三品官階半俸祿，類同五品官員收入，手中也日漸寬餘。會昌四年（西元八四四年），白公決定承繼往昔興水治河之志，要為洛陽艄公排除伊河航道之險。「東都龍門潭之南有八節灘、九峭石，船筏過此，例反破傷。舟人楫師推輓束縛，大寒之月，裸跣水中，飢凍有聲，聞於終夜。予嘗有願，力及則救之」。白居易記述了晚年這樁心願：龍門山下伊水浪，八節灘頭屍骸寒，白翁因峭石毀舟而焦慮，為船伕飢凍而憂傷。「七十三翁旦暮身，誓開險路作通津。夜舟過此無傾覆，朝脛從今免苦辛。十里叱灘變河漢，八寒陰獄化陽春。我身雖歿心長在，暗施慈悲與後人。」

古稀老翁白居易，動員了僧侶同道，「適同發心，經營開鑿，貧者出力，仁者施財」，自己也帶頭捐用了不少家財，選冬季伊水流量較小之時，合力開工。「鐵鑿金錘殷若雷，八灘九石劍稜摧」，四面八方的石工百姓，自帶工具，聞訊而來，全力協助工程。過不了多久，八節灘疏通工程勝利竣工，但見「竹篙桂楫飛如箭，百筏千艘魚貫來」，白居易終以無官無權之身，完成了這樁志工行動。他七十四歲作詩寫道：「心中別有歡喜事，開得龍門八節灘。」

至此，白居易主持完成了杭州西湖、蘇州山塘、洛陽伊水三大水利工程，青史留名，感召後人。誠可惜，由於白居易留有許多詩歌名篇而光耀千秋，人們往往忽略了他高官廉潔的一面、憂國善政的一面、凡夫平民的一面、佛門弟子的一面、崇敬自然的一面和諍友義士的一面，亦不排除才子風流的一面。而千秋大作必與高尚人格相輔相成，完美統一，是不能分割的。今天我們考察總結白居易的一生，就應當更加理性全面一些，而不必僅僅止步於欣賞他的詩詞妙句當中。

十五

會昌六年三月（西元八四六年），唐武宗李炎在位六年多，中興之風正勁，卻因滅佛崇道，服食御用仙丹而逝。諸子尚幼，時年三十三歲的皇太叔李忱即位，是為宣宗，年號易為大中。如此一來，白居易於七十五歲之年，又迎來第九位新帝。大唐皇帝二十多位，白翁平生伴隨九朝，近乎一半。

宣宗登基，敏中拜相，五臣北歸，李黨遭貶，牛黨翻身，這年發生了一系列事件，均與樂天有著密切關係。而白翁卻不會對此變故發表任何言論。一因身體老病無力發聲，更因為高層諸事無關民生冷暖，老白哪有興趣？是啊，白居易一生安貧樂道，獨立自主，「風流高尚，進退以義」，拒絕趨炎附勢，不恥名利爭鋒，他厭惡機巧，清靜自由，純樸至善，法乎自然，為官勤廉，處友誠摯，伺白鶴，藏奇石，伴琴眠，嗜酒生，以詩文名天下，以長壽得善終。

當年九月初八，白居易在洛陽履道里平靜逝世。遵遺囑葬於伊河岸畔，香山嶺上，如滿佛塔之側。《唐語林》載：洛陽官民，八方遊子，凡「過矚墓者，必奠以巵酒，故塚前方丈之土常成渥」。是說官民年年歲歲前來祭奠白翁，墓地灑酒成泥，傳為佳話。

人民愛戴白居易，大唐宣宗皇帝也拿起御筆，吟詩哀悼，帝詩〈弔白居易〉立即遍傳天下：

綴玉聯珠六十年，誰教冥路作詩仙。
浮雲不繫名居易，造化無為字樂天。
童子解吟長恨曲，胡兒能唱琵琶篇。
文章已滿行人耳，一度思卿一愴然。

平心而論，此詩發自真情，寫得真好。皇帝親賦詩篇悼念「詩仙」，在古代乃至高殊榮，唐代僅此一例。細品詩句，評價很不一般，如果沒有親身體會，則難以寫出如此精闢的詩句。帝王因何如此深情？有記載說，宣宗初登帝位，大力整頓綱紀，罷棄前朝宰相李德裕，要重用白居易回京拜相，詔書剛剛寫好，傳報白翁逝世，天子思卿愴然，遂有此詩。再者，宣宗李忱生於元和五年（西元八一〇年），懂事時白詩正流行，這位「童子」實實在在是「解吟」白詩長大。白公如何為官處世有目共睹：指責歪風邪氣，極言直諫，以致權貴們恨白，忠良們敬白，外國人崇白；其兄唐穆宗將白居易視同漢朝良臣司馬相如；白公守蘇杭政績為最，為國家帶來大量稅收；牛李黨爭烈焰如熾，白公退身其外促和當朝，凡此種種，青年李忱皆歷歷在目感懷於心。把這首悼亡詩公布朝野，表明宣宗的情感和立場於帝於國，不是大有好處嗎？

宣宗此作入選《全唐詩》。

李商隱為白居易作〈墓誌銘〉。

皇室追贈白居易「尚書右僕射」高官，謚號「文」。

白居易以民為本的政治道義、精優豐厚的詩文創新、知足樂天的精神理念、凡俗入世的人生追求、法從自然的生活方式、忠厚善良的品格性情，千百年來讓嚮往自由的正直士人奉為典範，更為平民大眾所衷心熱愛。他的道德踐行和輝煌成就，為傳統文化寶庫增添了珍貴遺產，最終超越時代和國界，享譽世界，永留青史。

清正為官

一、青少年時代

白居易誕生在一個世敦儒業的官宦家族，但祖父白和父親白季庚，卻沒有做過朝中大官，都是郡縣以下的地方官員。白鍠做過酸棗縣令（今河南新鄉延津）、鞏縣縣令（今河南鄭州鞏義），白季庚做過彭城縣令（今江蘇徐州），白居易的外祖父陳潤，做過鄜城縣令（今陝西富縣），叔父白季康做過溧水縣令（今江蘇南京溧水區），其三叔白季珍，也做過許昌縣令。這些長輩官員皆科舉明經出身，仕途之上多有聲望。祖父白鍠還著有詩集十卷。這樣一個清官世家、書香門第，對於白居易自幼啟發天資，涵養品格，其影響不言而喻。後來白公書寫〈許昌縣令新廳壁記〉，稱頌白家家風和三叔政績：「吾家世以清簡垂為貽燕之訓，叔父奉而行之，不敢失墜，小子舉而書之，亦無愧辭。」

白居易母親陳氏，出身官家，識文字，丈夫仕官在外，哺兒教育之責由她一肩挑起，極其用心。就是說，白居易與杜甫一樣，啟蒙者是母親而不是父親。白居易曾在〈襄州別駕府君事狀〉中說：「夫人親執詩書，晝夜教導，循循善誘，未嘗以一呵一杖加之，十餘年間，諸子皆以文學仕進……」

在家族崇文風尚薰陶之下，不僅催生出白居易這樣一個奇才，其他兄弟也不簡單。大哥白幼文做過浮梁官員，弟弟白行簡進士及第，文采飛揚，入朝為郎官，堂弟白敏中同樣進士及第，擢入翰林，官至宰相。

西元六一七年年，唐高祖李淵趁隋末動亂起兵晉陽，次年建立唐朝為開國皇帝。其子李世民，基本上完成了全國統一，西元六二六年經玄武門之變，李淵退稱太上皇，傳位於李世民，年號貞觀。這位唐太宗在位二十三年，換來一個百年強大的盛唐局面，貞觀之治，萬國來朝。此後歷經唐高宗李治、武則天當朝，李顯復位，李旦過渡，終於西元七一二年禪位於唐玄宗李隆基。唐玄宗執政時間長達四十五年，前期勵精圖治，復興大唐，史稱開元盛世，後期怠慢朝政，寵信奸臣，政策失誤，武備廢弛，結果導致了安史之亂，經八年才得以平息。唐朝元氣大喪，從此由盛轉衰。

白居易出生那年（西元七七二年），安史之亂（西元七六三年）剛剛平息，不過九年光景。山河破敗，朝野兵疲民困，盛唐虛空。而藩鎮割據、宦官專權、朋黨傾軋持續發生，各地戰亂此起彼伏。白居易少年時，徐州兵戈稍息，河南狼煙又起，新鄭危急，一家人只好捨棄家園，避難東遷，輾轉來到符離鄉下（今安徽宿州埇橋區）暫居。

這時已是唐德宗李適在位，朝廷為了削減藩鎮勢力，增強中央財政收入，便廢除租庸調法，改行兩稅法，引起藩鎮梟雄不滿，因而彼此勾結起來，窮兵黷武，抗衡中央。一時間兵戈擾攘，混戰頻仍，符離鄉間還是不得安寧。徐州別駕白季庚，只好把少年白居易送往越中親友那裡（今浙江紹興），求得一個安穩環境，抓緊讀書。

越中經濟發達，文風盛蔚，名流雲集。前些年，安史鐵蹄踐踏北國，文士紛紛避亂江南。名士顧況云：「安祿山反，天子去蜀，多士奔吳為人海。」（《全唐文》卷五二九），顧況也是「奔吳」的人之一。白居易詩曰：「九月徐州新戰後，悲風殺氣滿山河」，符離不能安穩筆硯，小小年紀便緊步士人後塵，獨自奔向越中而來。

江南局勢安定繁盛，上流顧況大有才名。史上流傳一段佳話，說少年白居易赴京趕考，默默無聞「名未震」，攜詩卷拜見顧況。顧況接過詩稿，看到「白居易」這個名字，隨即笑道：「長安物價昂貴，要想居住下來可不容易啊！」待到展讀首篇〈賦得古原草送別〉：「離離原上草，一歲一枯榮，野火燒不盡，春風吹又生……」態度立轉而贊：能夠寫出這樣好的詩句，居住長安又有何難？自此，顧況屢向文壇誇讚居易詩才，樂天詩名因而傳開。

趣聞佳話流傳千載，見於典籍《幽閒鼓吹》、《唐語林》等十多個版本，內有長安米貴、物貴、百物貴多種表達。講述的意思差不多，唯時間和背景比較含糊，大多是「少年白居易赴京趕考拜謁顧況」這一籠統說法。而白居易自云，直到十五歲才明白考取進士始可為官這個道理，真正的赴京趕考已經二十九歲了。學者考證這首著名詩篇寫成於貞元三年春天，同年詩作〈江樓望歸〉題下自注「時避亂在越中」，時年十六歲，根本沒有去過長安。而顧況恰於貞元五年身在蘇州，受到刺史韋應物款待，皆有詩為證。少年白居易亦在附近攻讀，亦有據可查。

如此說來，這段佳話發生之地，只能吻合於吳越而不是長安。當然，學者們經過考證整理，民間傳聞卻不以為然，趣談依舊流傳……

少年白居易這段南北求學的流浪經歷，其重要意義在於：他在人生的起步階段，既經歷了北國戰爭磨難和傳統文化薰陶，又受到了江南柔美天風的沐浴洗禮，開闊了胸襟眼界，啟迪了家國情懷。他有一首律詩〈望月有感〉，寓意深廣，後人一直將此詩作為經典，多註釋研讀。詩題之下有寫實小序謂：「自河南經亂，關內阻飢，兄弟離散，各在一處。因望月有感，聊書所懷，寄上浮梁大兄、於潛七兄、烏江十五兄，兼示符離及下邽弟妹。」白氏家族同宗兄弟很多，居易排行二十二，嘆不可安居而詠：

時難年荒世業空，弟兄羈旅各西東。
田園寥落干戈後，骨肉流離道路中。
弔影分為千里雁，辭根散作九秋蓬。
共看明月應垂淚，一夜鄉心五處同。

這首詩把一家一族之痛，與國事悲情聯想在一起，也把成長中的詩人，與一個啟舊迎新的時代捆綁在一起了。

二、進士及第

讀萬卷書，行萬里路。白居易從建中四年（西元七八三年）步抵越中（今浙江紹興），到貞元六年（西元七九〇年）歲末重返符離。十二歲懵懂少年暦經八載顛沛之苦，長成了青年才俊。他繼續攻讀不懈，潛心伏案，「晝課賦，夜課書，間又課詩，不遑寢息矣。以至於口舌成瘡，手肘成胝。」為迎戰層層科考打好基礎。

貞元九年（西元七九三年），白居易扶攜母親千里跋涉前往襄州（今湖北襄陽）。父親白季庚移官襄州別駕，公務繁劇，身體大不如前。未料，母子倆鞍馬勞頓到達襄州不久，白季庚即於次年病逝。家中棟梁從此倒塌。這年，白居易不過二十三歲。

忍淚寄葬父親，折返符離服喪，三載丁憂。白居易在遙途跋涉中磨鍊堅強，在深重悲痛裡走向成熟，在發奮苦讀間獲得昇華。

貞元十四年（西元七九八年），白居易丁憂結束，學有所成，再啟旅程，開始了一次歷史性的旅程。這年他二十七歲。首先，他將母親安置在洛陽白氏家族中，以解後顧之憂。然後輕裝簡行，一路向南奔赴宣州（今安徽宣城）。中唐宣州是個上州大郡，管轄十縣，溧水為諸縣之一。前面談到，白居易叔父白季康時為溧水縣令，而全國學子投身科考，首先要具備一個原地「學籍」，始可參加初級縣試，是為「常舉」。白居易遠赴宣州溧水，就是投靠叔父理順學籍，參加縣一級初試。白居易有備而來，信心滿滿，溧水縣試自然不成問題。

溧水小試牛刀，白居易輕鬆勝出。接下來參加州試則至為關鍵。唐代州選「貢舉」赴京參加會試，上州限額僅僅三人。唐中期宣州地域廣大，戶數達十萬以上，江南重鎮，名副其實，這裡經貿繁盛，文化發達，隸下涇縣首創優質宣紙，溧水中山又是中國毛筆誕生地，紙筆結合，構成傳統文化中最具代表性的載體和工具。全州公學私學遍布城鄉，學子發奮鏖戰科舉。時宣州刺史崔衍，忠孝兩全，以德仁治郡，尤重教化。由他親自主持州試、擢拔人才，必是公正無私、優中擇優。唐代崔衍事蹟後來成為做人做官典範，流傳後世。

哪三位學子能夠讓崔衍看中並代表宣州赴京參考呢？貞元十五年（西元七九九年）秋後，宣州州試開考。主要試題還是詩和賦。詩歌命題「窗中列遠岫」，文賦命題「射中正鵠」。而這個詩題，正是宣州前代郡守謝朓所作詩句。謝朓與名士謝安、謝靈運乃同一家族，向為唐代詩人心中偶像。這首詩描繪了從宣州高樓窗口遠望山水美景之情，白居易早已爛熟於心，五言律詩又是筆中強項，以此作詩自然難不倒他。而重點在於，必須理解本州郡使崔衍選此命題的深意何在。白居易設想登臨謝朓樓上，以「天靜秋山好，窗開曉翠通」開始，以「宣城郡齋在，望與古時同」結束，遂使崔衍大為讚賞。另篇散文〈射中正鵠賦〉，藉助騎手開弓射箭命中靶心之舉，形象地表達立志做事要認定明確目標，貴在恆定不變，始終不渝之理，文短詞精，彰顯作者志向品格，立意彌堅，出類拔萃。刺史崔衍身兼宣歙池觀察使，深為本屬湧現出這樣的優秀學子而振奮。

宣州兩戰告捷，貢舉白居易掉頭北上，要經過鄱陽、洛陽到長安，參加次年春季京都大考。在此期間，有件盡孝之事值得一說。宣州相距浮梁縣不遠，長兄白幼文身為浮梁主簿，以微弱俸祿支撐白家生計，白居易特赴浮梁看望大哥。兄弟重逢，盡訴離情，臨別，幼文託付兄弟一項艱鉅任務：把一口袋祿米（應為稻子）背回洛陽去，交給母親享用。於是，白居易肩負米袋，隻身跋涉兩千五百里山川河流，一步步向北方走去。「吾兄吏於浮梁，分微祿以歸養，命予負米而還鄉。出郊野兮愁予，夫何道路之茫茫。茫茫兮二千五百，自鄱陽而歸洛陽。」（〈傷遠行賦〉），其心靈所思所感，終生難忘。這趟苦旅遠行，勞其筋骨，也讓詩人懂得了什麼是國難民艱。

白居易青少年時代的生活艱辛而又豐富，南北流離讓他充分體會到民間疾苦，也逐漸意識到苦難根源在於高層朝政之腐朽。這一切，對於他形成民本思想，對於他確立一生行事的大原則，影響極為深刻。

不考取進士，不置身朝政，必將一事無成。長安大考，期待著新興學子到來。貞元十六年（西元八〇〇年）早春，宣州舉子白居易，二十九歲，終於站立在長安街頭。

安史之亂平復二十餘載，國都很快恢復了昔日風采，九州十國巨賈豪商，重新聚集而來。孤獨的白居易置身繁華盛景之間，彷彿心事重重：「出門可憐唯一身，敝裘瘦馬入咸秦。鼕鼕街鼓紅塵暗，晚到長安無主人。」（〈醉後走筆酬劉五主簿長句之贈兼簡張大賈二十四先輩昆季〉）而一個獨行俠，一個歷經磨難具備了自主意識、獨立品格的資優生，堅強而又自信：「居易，鄙人也。上無朝廷附離之援，次無鄉曲吹煦之譽，然則孰為而來哉？蓋所仗者文章耳……」（〈與陳給事書〉）話說得多麼有氣勢，大考之前他就敢這樣講。

貞元十六年二月上旬，白居易走進考場。本次進士科貢生達千人之多，往年落榜今年再考者不乏其人。白居易做過充分準備，考場解題自然並非難事，而決定個人前程命運關頭，場上氣氛卻異常緊張。貢生來自全國各地，要考三場決定去留，淘汰制非常殘酷，一場一場往下刷人。考賦文，題為「性習相遠近」，要求有韻腳順序，限制字數不得少於三百五十字；考作詩，題為「玉水記方流」，要求以「流求」為韻，六十字。考生一緊張，首場被刷下大半，二場又刷下大半，及至第三場再看，所剩考生面皺髮稀年齡大，座中人數屈指可數矣。

三月十四，大唐禮部東牆外，張榜揭曉進士菁英，只聽官員每宣呼一人中榜，側旁即擊鼓敲鐘一次，聲勢之隆震撼萬眾。白居易以第四名佳績榮登金榜。本屆錄取進士十七人，二十九歲的白居易還是最年輕者。時諺「三十老明經，五十少進士」，所言不虛。白詩「慈恩塔下題名處，十七人中最少年」，大出風頭。

接下來，由宰相主持，在曲江大擺盛宴，新科進士拜謁座主，繼而前往杏園，在「探花宴」上舉杯暢飲，一醉方休。宴罷，十七人齊聚大雁塔，題名留詩。最後自由活動，歌坊青樓，一日看盡長安花。

三、入朝校書郎

春風得意馬蹄疾，白居易經過溧水、宣州、長安科考的考驗，踏過獨木橋。終於迎來了人生重大轉折。進士及第，曲江宴罷之後，樂天不敢貪杯逗留，便急匆匆辭離京城，縱馬返回洛陽向母親報喜。旋即趕往宣州，馳騁千里未敢停留，要向恩人崔衍稟報大考佳績，須知貢舉進京參考，這筆費用還是州府支付的。

刺史崔衍設宴慶賀，州府上下一片歡騰。卻見新科進士白居易，舉杯謝恩之際並不開懷盡醉，兼或顯現幾分憂慮。不日，白居易孤身前往當塗，去尋訪前輩李白之墓。

白居易出生時，詩人李白已經辭世十年，杜甫也已經辭世兩年。白公一生對李杜懷有深重敬意，今不惜繞道二百里，到李白墓前灑酒祭拜。而杜甫墓地則在千里之外，遙不可及。白居易此時祭拜李白墓地，除了要表達景仰之情，另外還有一層深切惋惜：即李白才高八斗卻一生不得功名，只因大唐重農抑商，商家子弟不準投身科考，因而李白也就無法步入朝堂做官，唯嘆雄心不遇，一生飄零。看白詩〈李白墓〉，

「可憐荒壟窮泉骨，曾有驚天動地文。但是詩人多薄命，就中淪落不過君」，詩文驚天動地，終究報國無門。

那麼，新科進士白居易，本應春風得意，還在李白墓前憂慮什麼呢？原來，酒宴慶賀皆振奮，落杯猶有大問題：唐律森嚴，禮部考取進士不過是一個起點，進士僅為「出身」，仍然不能入朝得官，仍然有可能一生淪落飄零。就是說，進士及第名聲大、榮譽高，但只是獲取了得以參加吏部考選文官的資格，徒有「功名」卻無官可做，生活依舊艱難。偏偏吏部「銓試」入官有時要比禮部考取進士更難，向稱「關試」，多有加倍努力而未能過關者，那不也和李白命運一樣嗎？如文豪韓愈，進士之後「銓考」三次淘汰，困頓長安十年，幾欲放棄，最終薦得一個小官入仕；還有寫出「月落烏啼霜滿天」的張繼，進士之後同樣「銓試」不過關，漂泊兩載等待機遇，倒等來一個安史之亂，遂奔逃江南避難，而北方戰火久不平息，張繼進身無望，也只好夜泊楓橋「江楓漁火對愁眠」吧。待到大唐重振朝綱，張繼終結漂泊，僅僅做了一年的地方鹽鐵官，也就終結了此生……

唐朝在常規的科舉制度基礎上，禮部選拔文官，兵部選拔武官，大大健全了國家人才晉升制度，為政權體制提供了新鮮血液。銓試內容，由太宗李世民訂定為「身、言、書、判」四條標準，前三條綜合考評從中再擇優，先天條件占據比較大成分，而第四條「判」，則是難中之難，要求針對生活中某個疑難案例，做出清晰合理的裁定判決，不錄取腦袋不清楚的人為官。白居易進士及第時在貞元十六年（西元八〇〇年）春，而迎戰吏部銓考要等到貞元十九年（西元八〇三年）春天。在此期間，白進士回到符離做了種種準備，精心研究各方面典型案例多達一百零一條，他一條條進行模擬研判解答，判詞務求精闢準確，切中要點，故將擬題答卷命〈百道判〉。

果然，白居易全力以赴參加吏部「關試」，報考「書判拔萃科」。該年該科正式考題，恰恰應對了〈百道判〉中第八十九道，竟被白進士一舉奪得勝算。本屆吏部銓試，僅僅錄取了八個人，其中七人選考「博學鴻詞科」或者「平判入等科」，唯獨白居易一人榮登「書判拔萃科」，張榜之日格外引人矚目。〈百道判〉很快成為萬千學子爭相傳習的範本，復抄者還可以換錢沽酒。

吏部銓試結束，榜單公布完畢，白居易三十二歲，正式落定皇都，授職祕書省校書郎，正九品。「俸錢萬六千，月給亦有餘」，校書之官向稱「清貴美職」。而初履仕途即得此良選，又是歷盡千辛萬苦換來的。白居易顛沛流離於長江南北，路途上、枯燈前，損耗了整個青少年時期，恐怕僅在新鄭童年時，尚有一些快樂的記憶。七歲前後即隨家遠行，或形單影隻，往返奔走，足跡遍布新鄭、符離、浮梁、古豐、衢州、襄州、杭州、蘇州、宣州、溧水、洛陽、長安，動輒百里千里，家業學業，俱在肩頭心頭。多年飄零苦讀，一朝安身立命，終成正果。

四、科舉雄文看策林

校書郎官屬祕書省，主官稱祕書監，貴為三品，「掌邦國經籍圖書之事」，舊稱蘭臺太史、麟臺監，著紫袍，佩金魚袋。祕書省雖然以「省」相稱，卻不是執政機構，唯中書省、門下省、尚書省組成中央政府，掌領實權。而祕書省和殿中省、內侍省一樣，是朝廷內設機構，直接服務於皇室：唐朝善於總結歷史經驗教訓，上層閱讀能力很強，天子「朝夕觀書」，視圖書典籍為祕寶，「祕書」二字原意如此。祕書省和集賢殿書院，均有大量藏書。《唐會要》記載開成元年，祕書省四庫存有各類圖書五萬六千四百七十六卷，集賢院藏書還要多出數倍。祕書省集中管理一批才子，官稱校書郎或正字，成年累月抄修古今善本，裝訂成冊，存檔祕藏。唐代曾經多次大規模抄修典籍，成就壯觀。祕書省除了修書入庫還設有著作局，長年與集賢院共同編纂國史檔案，並同時監管最高學府——國子監。

年輕文官白居易，在這裡勤勉履職，知識累積日深，官職雖然不高，實為「文士起家之良選」，名相張說回顧當年「時輩皆以校書、正字為榮」，韓愈曾將祕書省比作

「御府」，他年輕時曾在外幕府中，也要討個「試用校書郎」名銜，以利日後晉升。唐代文豪詩傑多從這裡起步：陳子昂、柳宗元、張九齡、王昌齡、李德裕、韋處厚、劉禹錫、顏真卿、柳公權、顧況、韓愈、李絳、元稹、杜牧、張說、韋應物，數不勝數，皆自祕書省起家。查唐代曾任校書郎後來官至宰相者，竟有三十五人之多。

白居易從貞元十九年（西元八〇三年）春天開始任校書郎，當朝皇帝是德宗李適。到任職二年時，即貞元二十一年（西元八〇五年），唐順宗李誦繼位，並迅速推行了一次朝政改革，史稱「永貞革新」。王叔文、王伾、韋執誼、劉禹錫、柳宗元等年輕朝官都是堅定的改革派，意在抑制藩鎮，削弱宦官專權。只可惜這位李誦皇帝在位僅僅八個月，就癱瘓臥床，難理朝政。宦官勢力趁機反撲，逼迫順宗李誦將皇位禪讓給太子李純，是為憲宗。至此，「永貞革新」歷時百天，慘遭失敗，韋執誼、劉禹錫、柳宗元等改革派立即被貶出京，構成唐朝歷史上著名的「二王八司馬」事件，首領王叔文終被賜死而亡。

在永貞革新的過程中，校書郎白居易人微言輕，未及投身變革陣營，但其政治傾向，是與劉禹錫、柳宗元等人一致的。革新領導人韋執誼，出任宰相不幾天，白居易就寫了〈為人上宰相書〉，坦誠聲援變革。這是白居易入朝之始第一次表達自己的政治態度。這一切，交織發生在西元八〇五年這一年之間，故而這一年既是大唐德宗貞元二十一年，又是順宗永貞元年，到次年正月又忽然成為憲宗元和元年了。「永貞革新」由轟轟烈烈開始，轉眼間偃旗息鼓以失敗告終。白居易目睹時局從德宗、順宗到憲宗的急遽變化，朝中人事變幻莫測，腐朽官員及宦官勢力仍舊勢堅力強，不免深有感觸。新銳才子變革力量薄弱，革除朝政弊端絕非一朝一夕，單靠一腔熱血莽撞行事很難復興中唐。這次風波，白居易因為位卑人微，僥倖躲過一劫，自身校書之官得以保全，同時，報效國家、變革朝政的火種已經深植心底，終有一天必將燃燒起來。

元和元年（西元八〇六年）春上，白居易和元稹等一批校書郎「官滿」卸職。依唐律，校書郎任官三年期滿，必須告別蘭臺祕書省，罷官失業。罷官之後做什麼？按照吏部規矩，停俸下官之後，如果還想繼續為官，可以進入「守選」行列，以半平民姿態自攻文策，等待進入「制舉」考場，通過嚴格考試，重新擇優分配工作，從而使官場生涯得以延續。其中「文策高者，特授以美官」。足見唐朝之盛，有賴於管理制度的先進與嚴明。

唐代確立「制舉」選官制度，是嚴肅吏治防腐治國的重要一步，又是「常舉」科考的深化延伸。「常舉」每年按時舉行，層層選拔明經、進士等優質人才，得以出人頭地，繼而透過前述吏部「銓試」授任小官，期滿停官，這一步很像低官培訓與入仕考察。接下來以「守選」之人的身分等待「制舉」大考。「常舉」定期而「制舉」不定期，考試內容也大有提升，「銓試」時拿出〈百道判〉就可以了，而「制舉」要求參考者對以「文策」，拿出對於國計民生以及施政策略的完整意見，交由朝中高官甚至皇帝親自主持策問，最終擇優選官，方可重新分配。人們通常以為唐代科舉以詩賦取勝，其實詩賦只是初選基礎而已，應試「文策」才是重頭戲，要見真功夫。

制舉出文策，近乎國家方針政策之提案，不經過精心準備不能竟優。這年春天，白居易攜手元稹，入駐永崇裡華陽觀，閉門謝客，一連數月研究時政，針對當朝時弊，一項一項提出建議，由白居易擬題，執筆，最終完成《策林》七十五篇，並集之成冊，作序存底。

《策林》的誕生，是白居易對於解困中唐危機，興革除弊的理性思考，也是他實現自己政治理想的鄭重宣言。內中多篇策論，筆鋒直指最高當局，「策目穿如札，鋒毫銳若錐」（〈代書詩一百韻寄微之〉），必冒極大風險。白居易在祕書省行走三年，更親見「永貞革新」諸官慘敗，當然明白朝中利害。而唐代制舉渴求的正是「非常之才」，並且專設一門「極言直諫科」，既然胸懷治國韜略，又何不勇擔使命縱筆迎風？白居易決定不避風險，坦率直言。

過去，白居易詩歌光芒耀眼，人們為〈長恨歌〉、〈琵琶行〉所傾倒，無意間忽略了這位從政四十年之臣，還有一系列好文章。而這些文章反映了他為官做人的中心思想，也正是產生出優秀詩歌的理論基石。其中以《策林》七十五篇最具代表性，也越來越受到學的重視。有現代文學學者精研《策林》宏文，認為可以分為八個方面解讀其中思想：

為君為臣之道　求賢訪能之方
施政化民之略　整肅吏治之法
省刑慎罰之術　矜民恤情之核
治軍御兵之要　禮樂文教之功

他用五個標題概括，也十分準確：

以民為本的儒家情懷
重振國威的使命意識
有犯無隱的批評精神
商明崇聖的復古觀念
客觀理性的辯證色彩

白居易《策林》七十五篇，剖析政治、經濟、軍事、刑法、吏治等各方面問題，並指出了產生問題的原因，提出了解決問題的方法。觀點振聾發聵。這裡試舉幾例與讀者共賞：

《策林》第二十一篇把百姓悲苦、國運不興之責直指與皇權有關，公開指出：人之困窮由君之奢欲……人庶之貧困者，由官吏之縱欲也。官吏之縱欲者，由君上之不能節儉也。君之躁靜，為人勞逸之本，君之奢儉，為人富貧之源。第四十一篇、第四十八篇，力主禁止土地兼併，遏制權貴階級橫行，明確反對官吏從商發放高利貸；第二十二篇、第三十二篇提出減免人民賦稅，裁減政府冗員，節省度支；第五十三篇呼籲法律寬嚴適度，徹底廢除肉刑；《策林》第二篇尤令人深思，白居易說，聖人不是不喜歡利，而要追求利在天下萬民，聖人不是不喜歡富，而要追求天下人皆富……

《唐會要》記載，唐朝總共進行制舉選官七十七次，開元年間平均一點三年一次，天寶年間平均一點七年一次，白居易所處憲宗元和年間平均二點一年舉行一次。先後奮身考場者千千萬萬，不分高低貴賤，唯尊「以策取士」一法，來自五湖四海的傑出人才得以脫穎而出，為國盡忠也成就了自己。正如白居易《策林》第十四篇所言，「邦之興，由得人也，邦之亡，由失人也」。

元和元年（西元八〇六年）四月，三十五歲的白居易以充分準備參加制舉大考，投報「才識兼茂明於體用科」，結果，及第取官十八人，白居易名列第四名。考官評判四個字「策對語直」，真是字字千鈞。想想當時，憲宗皇帝嚴厲處置「二王八司馬」，毫不留情，那一聲聲泣血哀號猶在耳畔，白居易《策林》篇篇尖銳敏感，面對險惡環境而不退讓，以廉潔公正之心應對策問，最終能以「策對語直」勝出，一個小小前任校書郎，該有多麼危險又是何等幸運？而史載這位憲宗皇帝，力圖重振中唐，監國理政能夠「渴求讜言」，很有作為，他為大唐續命百年，史上評價頗高，白居易這位政壇新秀，可謂生逢其時。

《策林》諸篇所表達的治國理念，精闢雄辯而又前衛，在白居易幾十年的廉政生涯中，始終如一達到了踐行。

當月，吏部除授白居易周至縣尉之官。他翻身策馬，告別長安，向山河深處奔馳而去。

五、趨走小吏不開顏

唐中期，按《元和郡縣圖志》，全國計有州府三百六十個，按戶籍多少分為上州、中州、下州三個等級。下轄一千五百七十多個縣，分為「赤、畿、望、緊、上、中、下」七個等級。赤縣二十餘個，分布在京都長安、東都洛陽和北都太原周邊。畿縣百多個，地位也比較高。如周至縣，古時寫作「盩厔」，就是一個畿縣，直屬京兆府，距離長安很近。唐代昌盛而管理成本非常低，畿縣團隊成員只設五人，即縣令一人、縣丞一人、縣尉二人、主簿一人，此五人乃朝廷命官，月領俸祿，其餘輔助小官包括衙役們，皆不吃皇糧。

白居易歷經常試、銓試、制舉三次大考，正式步入基層政壇，成為了一名京畿縣尉，級別為「正九品下」，近乎副縣長，已經很不容易了。而到任之後，方知真正履職一個好縣尉，其實很難。《唐六典》稱縣尉「親理庶務，分判眾曹，割斷追催，收率課調」，也就是要把公安政法管起來，還要保證完成稅收稽查，肩職甚重。

唐人雖然把縣尉譽作「少府」，也不過是個尊稱而已。凡詩人一提少府就煩惱，如王勃送別杜氏到巴蜀任縣尉，深感並非什麼喜事，便雙雙落下淚來，「無為在歧路，兒女淚沾巾。」（〈送杜少府之任蜀州〉），陳子昂作〈餞陳少府從軍序〉，說好友陳氏寧可辭掉縣尉，也要奔赴前線從軍征戰。像這樣辭去縣尉而從軍者，唐時竟然有十幾位之多。以高適最為典型：「不是鬼神無正直，從來州縣有瑕疵。」遂舍書持戈，遠離封丘而去。大詩人杜甫奔波多年，好不容易得到河西縣尉一職，卻堅辭不任，寧願去率府管理兵械倉庫：「不作河西尉，淒涼為折腰。老夫怕趨走，率府且逍遙。」

唐詩中，涉及少府縣尉詩作甚多，幾乎眾口一詞不開心。唯因縣衙各項徵調任務繁重，貧苦百姓往往鬧對立不配合，此縣尉必須挺身而出，直接處置社會之中的矛盾衝突。白居易深居蘭臺修書三載，一時間很難適應。而另一個縣尉李文略，與白居易同官同職，則分管本縣公安執法，整日抓捕凶犯盜賊歸案懲治，工作性質尤為慘烈，不經意就更難適應了。

白少府一上任，正逢朝廷出兵討伐四川劉辟，唐軍挺進西南，周至為必經之地，軍需物資絡繹不絕，馬嘶人喊晝夜不息，白居易對上強顏應酬官軍將領，對下抓緊催辦糧草勞役，十分辛苦。高適對此有詩曰：「拜迎長官心欲碎，鞭撻黎庶令人悲」，白居易同樣感慨：「一為趨走吏，塵土不開顏。」他們都不願意把自己變作對上逢迎討好，對下狼虎欺凌的不良酷吏。白詩採用「趨走」一詞，顯然是受到杜甫「老夫怕趨走」詩句感染。而趨走一詞還有另一重含義，是指縣尉不允許坐在衙堂辦公，那是縣令固定的位置。縣尉歇腳之地稱作「公廨」，大多數時間要在第一線奔忙。

如果「趨走」支前是為了國家戰事獲勝，白居易便也無話可說。而實際情況是，本縣徵繳任務完成，縣令大人忽然做出決定：立即以戰時名義，額外催徵一批錢糧物資。縣令擔心討伐劉辟戰爭結束而失據，故要求徵繳任務必須在五日之內完成。此事引發白縣尉嚴重不滿。可是縣令亦有難處，如不趁亂攤派累積，又怎樣撫慰縣府衙役，拿什麼應酬上峰往來？唐朝財會審計制度極為嚴格，絕不會通融此類雜項開支。見白縣尉稱病不起，縣令便親自帶著本縣名醫，為少府號脈診療。又特地安排一位老吏，向白居易解釋縣府財政困難，戰時額外徵收，實為無奈之舉。縣令並將自己的好馬讓給白縣尉騎，真可謂用心良苦。

鬱悶之間，白居易來到「家田輸稅盡」的田野上，竟看到一幅婦女、兒童烈日之下撿拾麥穗的畫面，景象淒涼，名篇〈觀刈麥〉就誕生於此時：

五、趨走小吏不開顏

田家少閒月，五月人倍忙。
夜來南風起，小麥覆隴黃。
婦姑荷簞食，童稚攜壺漿。
相隨餉田去，丁壯在南岡。
足蒸暑土氣，背灼炎天光。
力盡不知熱，但惜夏日長。
復有貧婦人，抱子在其旁。
右手秉遺穗，左臂懸敝筐。
聽其相顧言，聞者為悲傷。
家田輸稅盡，拾此充飢腸。
今我何功德？曾不事農桑。
吏祿三百石，歲晏有餘糧。
念此私自愧，盡日不能忘。

糧食被官軍徵繳殆盡，農婦只好一邊照顧小孩，一邊撿拾麥穗，以充飢腹。可貴的是，白居易能夠直接面對貧富差距，公開個人財產及收入，由此道出內心愧疚而毫不掩飾，每年「吏祿三百石，歲晏有餘糧」，而我不參加農事勞作，有何功德受此厚祿啊……

若非清正廉潔正派官，斷難發此善論。

〈觀刈麥〉的時代背景，是中唐以前所推行的均田制遭到了破壞。均田制是指朝廷合理利用廢田，分配給百姓耕種：十八歲健康男兒得田百畝，殘弱老年人得田四十畝，寡婦得田三十畝，其中百分之二十為永業田，可繼承可買賣。在「耕者有其田」基礎上，農戶交糧給國家稱「租」，再交一些絲麻綾棉稱「調」，青壯每年為國家服役二十天（可用布絹折抵）稱「庸」，簡稱「租庸調」政策。由此官民兩利，國泰民安，盛唐強大。經安史之亂戰爭破壞，人口減少，戶籍流散，均田制失去基礎，租庸調無從實現，故在德宗時期捨棄「均田制」，改行「兩稅法」。此法把天下農戶劃定貧富九個階級，再依階級高下於夏秋兩季徵稅，亦可用現金交納，朝廷實以搜刮之法填充國庫，傷農流弊由此始出。富豪施放高利貸，貧戶賤賣自耕田，大唐由盛轉衰。李紳名句

「四海無閒田，農夫猶餓死」，說的就是兩稅法造成的惡果，〈觀刈麥〉中也說「家田輸稅盡，拾此充飢腸」，也是指貧婦失去了自家土地，只好到他人田地裡撿拾殘麥。

中唐紛亂餘波連綿，軍費苛繁。邊防軍隊近五十萬人，戰馬八萬匹，全國養兵八十萬大軍，車馬行營動輒百里。

周至縣和全國州縣一樣，設立了正倉、義倉存放糧粟，供應給軍隊的人跟馬食用，徵收辦法有「和糴」、「採造」等名目，戰事一緊便強行徵繳，不「和」而「糴」，逼迫百姓限期送達指定倉庫。而周至縣實施兩稅法，推行「和糴」以填充倉庫，其具體操作辦理者，正是每年「吏祿三百石」的縣尉白居易。他親自看見和經歷了這些政策的實施過程。面對傷農弊端，白少府「念此私自愧，盡日不能忘」，他必須有所行動，以試圖改變這些不良政策。

一個小小縣尉，打算公開反對國家現行政策，必冒巨大風險，前途命運堪憂。而廉吏清官和貪腐庸官的根本差別也在這裡：趨走忙碌日，夜深人靜時，白居易決定丟掉顧慮，直言上書朝廷。展紙研墨，憑燈奮筆，白縣尉依然寫成一份奏章〈論和糴狀〉，內中不避風險，歷陳時弊，明確指出「迫蹙鞭撻，甚於稅賦，號為和糴其實害人」、「親被迫蹙，實不堪命」，他痛苦地寫道：「臣近為畿尉，曾領和糴之司，親自鞭撻，所不忍睹」，惜農愛農之情躍然紙上。這份奏章將越過周至城垣，到了京兆府，可直達中央。奏章中建議：其一，官府收糧價格應該高於市價，優惠農民，讓百姓積極參與「開場自糴」，自願向國家交售餘糧；其二，官府不再強令農民以錢幣交稅，應改為農民交納糧食折算成錢幣即可，免去農戶無錢少錢被人盤剝之弊，謂之「折糴」。這是白居易秉承〈百道判〉和《策林》的民本思想，在執政實踐中第一次發聲吶喊。

奏章〈論和糴狀〉，出自京兆府一名縣尉，位居大唐官員階級最基層，而上奏程序層層阻隔，能否上達皇帝龍案，得到憲宗御筆硃批，還是一個問題，史上查無記載。但是，時隔兩年，朝廷下詔，減免京兆府折糴糧二十五萬石，則是有據可查的事實。又過了一千多年，這道奏摺被清朝嘉慶仁宗皇帝看重，收入《欽定全唐文》中去也。

說罷「和糴」拾殘麥，再說「採造」施暴行。

憲宗李純，在宦官推擁下獲得帝位，寵信閹黨建有「翊戴之功」，遂使宦官勢力更加橫行無忌。皇室軍隊稱作神策軍，領軍宦官吐突承璀，掛帥「左神策軍護軍中尉」，氣焰熏天，眼下要為憲宗修建一座安國寺，豎立新朝帝王的功德碑。因而神策軍派出兵將，打著官府「採造家」旗號，跑到周至縣終南山中，搜刮建築材料來了。這天傍晚，白縣尉正在古村院落與村老飲酒，剛剛舉杯欲飲，猛然間闖進一群採造兵將，喧喧嚷嚷，抓起酒杯就喝，看到院中一棵大樹，拿起斧頭就砍。這棵樹從幼苗起，村老培育了三十年，要留作棟梁之材使用。採造兵將哪管這些，一頓狂伐亂砍，縣尉、村老束手站在一旁，無法阻止。白居易名詩〈宿紫閣山北村〉，記錄了這一暴行，全篇明白如話，施暴過程一目了然：

晨遊紫閣峰，暮宿山下村。
村老見余喜，為余開一尊。
舉杯未及飲，暴卒來入門。
紫衣挾刀斧，草草十餘人。
奪我席上酒，掣我盤中飧。
主人退後立，斂手反如賓。
中庭有奇樹，種來三十春。
主人惜不得，持斧斷其根。

口稱採造家，身屬神策軍。
主人慎勿語，中尉正承恩。

村老哀傷怨恨，縣尉心明如鏡。白居易深知朝中內情，雙雙含悲無奈。白居易只能勸慰村老：忍著不要「捨不得」這棵「奇樹」，不要再說什麼，不要招惹這群虎狼暴卒，他們「身屬神策軍」，首領中尉是當今皇上大紅人，切不可引火燒身啊。詩末「主人慎勿語，中尉正承恩」，一語道破採造內幕真相。

山村蠻橫「採造」和長安「宮市」掠奪如出一轍，都是宦官勢力橫行城鄉的霸道行為。繼〈宿紫閣山北村〉之後，白居易又寫了苦嘆宮市不平的〈賣炭翁〉和揭露宦官驕奢的〈輕肥〉等系列詩篇，「意氣驕滿路，鞍馬光照塵。借問何為者，人稱是內臣……是歲江南旱，衢州人食人」。這些詩篇暢言人所不敢之言，表達了白居易清廉公正的從政立場，一經流傳，眾口稱讚，也同時引發了閹黨們對這位政壇新秀的仇視。白居易明知已被「握軍要者切齒」（〈與元九書〉），但絕不準備屈身退卻。不久後，白居易諫書阻止宦官擔任三軍統帥，對象還是「中尉」這個人。

周至縣誌載事悠長，裡面記錄白縣尉參與判決一件案子，說兩個大戶爭奪田產，一個是城西趙鄉紳，另一個是城南李財主，趙李兩家財大氣粗，分別透過衙役向縣尉行賄送禮，一家送出鯉魚，一家奉送西瓜。表面看起來也沒什麼，實際上鯉魚和西瓜裡頭都裝滿了銀子，白縣尉一掂魚瓜分量不輕，立刻就明白了趙李用意，他不動聲色做出裁斷：魚瓜收繳充公，判處趙李雙方「買衙賄官」之罪，每人重責四十大板，並張榜公示於眾。

前頭說縣尉官署不在衙門正堂而在「公解」。周至公解位於縣衙西側，人稱西廳。那時白居易尚未成婚，西廳也是白公居住地，白居易尊仰松樹品格，特地從仙遊山移來兩棵松樹，親手栽種在西廳門口左右兩邊，要以松為友，警策自勉。其詩〈寄題周至廳前雙松〉曰：「手栽兩樹松，聊以當嘉賓……盡日不寂寞，意中如三人」。松下，白縣尉針對現實，官宣四句話：「不為錢貴，唯理從事。錢路堵衙，法理通天。」周至百姓連連稱讚，又把西廳譽為「雙松署」。這段佳話一直傳頌到今天。

兩棵松樹來自仙遊山，山中有座仙遊寺。白少府空閒之時，常攜詩友到此把酒吟詩。千古流芳的詩篇〈長恨歌〉，就誕生在仙遊寺中。行文在此，筆者忍不住要和讀者一起，把〈長恨歌〉好好品鑑一番。轉念一想，本書篇幅不長，旨在狀寫廉臣白居易為官從政之道，而白公一生傑出詩章又是那麼多，要賞析〈長恨歌〉、〈琵琶行〉等重量級的大詩，絕非三言五語就能說清。我們還應當收斂筆墨，把重點轉回到本書主旨為要。

簡言之，〈長恨歌〉以「漢皇重色思傾國」為開頭，先聲奪人，一個基層縣尉，敢明確指出先朝皇帝奢欲好色，「春宵苦短日高起，從此君王不早朝」，以致「漁陽鼙鼓動地來」，釀成誤國大禍。這一深重反思，與前述《策林》第二十一篇論點一致：君之奢儉明昏，勢必關係到國家興亡民生悲苦。偏偏這場歷史動亂，竟和無比悽美的愛情悲劇交織成一團，集家國江山與人性抉擇於一體，不可分割。〈長恨歌〉境界高深，又通俗易懂，一經傳誦，立即轟動朝野，終成千古絕唱，古往今來研評鑑賞從未衰減。到了元代，關漢卿據此改編為經典劇目《唐明皇哭香囊》，進而白樸改成大戲《梧桐雨》，至明代，名家屠隆又將楊玉環故事融入《採毫記》當中，直到今天，〈長恨歌〉仍在被改編、演繹。

白居易在周至縣尉職位上，創作了一大奇詩。

京城上下，白居易聲名鵲起，人脈迅速拓寬。

長安望族「靖恭楊家」非常歡迎這位大齡單身才子，將楊家千金許配給他，白居易由此結束了漫漫單身歲月，開始了穩定的家庭生活，這一年，白居易三十七歲。如此晚婚現象，古代實不多見，原因在於一場符離愛情，占據著白居易整個青年時代，故事悽婉，一言難盡，此處只提一句即止。

六、近臣直言諷喻詩

元和二年秋天，京兆府舉行州一級科考，屬縣周至白少府，才高名重，遂被調任上來，擔任州試考官，負責選拔鄉貢。考試一結束，白公又被皇家集賢院看重，讓他發揮專長，兼任「集賢校理」。如此一來，白居易本官雖然仍是周至縣尉，但實際上已經解脫了「趨走吏」這個勞苦差事，正在靠近唐朝最高層。

白居易在周至縣實際任期一年零兩個月，時間不算長，卻直接觸碰到了基層生活的脈搏跳動，體會了貧窮百姓的悲苦艱辛，對國家政策之利弊得失進行了深入思考，促使他清廉履政的信念更加堅定。

同年，唐憲宗發奮整頓軍政，擢用人才而不拘一格，知白居易僅為集賢院埋頭修書，顯得大材小用。於是，吏部依例對這位集賢校理進行專題考試。十一月初五，白居易入場參考，揮筆完成制、書、詔、表四種體裁公文，外加律詩一首。憲宗閱卷深感滿意。

這場內部選才真正改變了白公命運。很快，憲宗皇帝欽定白居易調入翰林學士院，榮授翰林學士。

這裡出現一個問題需要說幾句：學士院完全不同於通常所說的翰林院，人們極易混為一談。翰林院廣納天下各領域高人，包括書畫、醫術、棋琴、僧道、卜算、經術等，為皇室隨時「供奉」各種服務，多稱「待詔」。如王叔文曾為棋待詔、吳道子曾為畫待詔、李白曾為詩待詔、褚遂良曾為書待詔等，甚至還有一項「馬術供奉」，不一而足。此類供奉、待詔門類廣泛，人數眾多，集中於翰林院，聽候宮廷傳喚。傳言李白「天子呼來不上船」，想必是喝多了，絕非常態。

而學士院，開元以來另設院署，位置緊鄰內宮，與北面翰林院沒有交集，完全分開，翰林學士僅定編六人，須由皇帝欽點入職。六人中有一位領班叫做「承旨」，安排學士一人每晚留署值班，他們「獨承密命」撰寫詔令，「天下用兵，軍國多務，深謀密詔，皆從中出」，學士們常常向皇帝直接提出建議、磋商意見，深度參與國家大事。司馬光《資治通鑑》評說憲宗當朝，「是時，上每有軍國大事，必與諸學士謀之」，足見學士入院實為天子重臣、機要顧問。此六人若非貨真價實真名士，斷不可能當選。與白居易同時在院六位學士，竟有五人後來陸續升為宰相。在學士院榮任學士，完全適用「達則兼濟天下」這句話。

白居易不久前只是一名九品縣尉，轉眼間跨入皇權決策最高層，常人難以理解，何以升遷幅度如此之大？其實也很好解釋：即翰林學士不是「官」，而是一種特殊選用的「差遣使職」。學士本無官資品秩。白公本官仍是九品縣尉，集賢校理。翰林學士一要文辭精優，二要謹恪縝密，三要清直無黨，故多在中下層官員中選用。加之憲宗皇帝利圖振興中唐，敢重用人才，白居易得以擢拔入院也就不奇怪了。

當然，以九品縣尉一舉擢升翰林學士，這種事畢竟稀少，直到清代仍傳為美談。康熙朝《綱鑑易知錄》卷五十五，專門選載了這件事：「綱，以白居易為翰林學士。目，居易作樂府百餘篇，規諷時事，流聞禁中。上悅之，故有是命。」即當朝發現一個小臣，有〈長恨歌〉等詩流入宮中「規諷時事」，竟敢指責俺祖爺「漢皇重色思傾國」、「從此君王不早朝」，憲宗皇帝不但不問罪，反而「上悅之」，直接重用為近臣學士，真是忠國廉臣遇到了明君，白居易人生大幸，乃成佳話傳世。

到了元和三年（西元八〇八年）四月，即白居易擔任翰林學士大約半年，憲宗正式為他安排了一個官職，授予「左拾遺」之官，依前仍充翰林學士。就是說，白居易這才真正擺脫了黃土黃沙，正式步入朝堂做了近臣，其使職翰林學士兼具拾遺本官，級別也由「正九品下」升至「從八品」，更加名正言順，依舊留在皇帝身邊工作。

拾遺、補闕兩種諫官由武則天所增設，專事進言諫奏職責。左拾遺直屬門下省，右拾遺直屬中書省，二省與尚書省以及六部等中央機關集中在皇宮南部，習慣上將三省六部統稱為「南衙」。因白居易實為翰林學士，只是兼帶此職，所以平日不必到南衙上班，而是從大明宮北側偏門直入禁內，守在皇帝近旁，聽從「承旨學士」安排工作或輪流夜值，被朝官稱為「北門學士」。而南衙大員若想晉見皇帝，則需要經過複雜程序。

白居易得授左拾遺，非常振奮。陳子昂、張九齡、杜甫等大家，都以曾任此官為榮。言官制度允許拾遺、補闕之官講真話，其工作內容與翰林學士職能相當接近，更與白居易從政意願相吻合。在〈初授拾遺獻書〉一文中，白居易向憲宗皇帝表態：臣「有闕必規，有違必諫，朝廷得失無不察，天下利病無不言」，忠心可鑑。正好，唐憲宗「納諫思理，渴聞讜言」，是個兼聽則明之帝，很有作為，於是廉臣白居易在憲宗元和年間，以「翰林學士攜左拾遺」之官，殫精竭慮，直言真相，迎來了人生最輝煌的歲月。

入朝之前，白居易已經寫出了〈觀刈麥〉、〈宿紫閣山北村〉和〈長恨歌〉等名作，眾口傳唱，影響深遠，入朝以來，白學士貫徹《策林》思想不變，又表奏章又作詩，作詩也當奏章用，一鼓作氣寫出《新樂府》五十首、《秦中吟》十首，再度震撼朝野。他要把自己強烈的危機感傳達給皇帝、高官、同僚和平民，讓統治階級居安思危，一朝清醒，讓朝中百官除弊興邦，公正廉明，讓衰敗社會回歸道統正本清源，讓困苦百姓洩導積怨棄愚啟蒙……這裡先說《秦中吟》十首「直歌其事」：

〈重賦〉傳達兩稅法實際上對農民帶來了痛苦。

〈議婚〉譴責「富女易嫁」陋習。

〈傷宅〉抨擊權貴驕奢廣築深庭豪院。

〈不致仕〉諷刺老朽之官不願放權退休。

〈立碑〉指出撰寫碑文只有阿諛虛假之詞。

〈輕肥〉痛斥太監無視大旱而腦滿腸肥。

〈歌舞〉揭露法吏醉唱而獄有凍死冤囚。

〈五弦〉譏諷今人迷戀流行音樂而不懂古樂高雅，以琴事喻人事。

〈買花〉直指社會貧富不均差別太大。

〈傷友〉感慨清廉之士過著悽慘的生活。

白居易巨筆飛揚奮不顧身，集中推出系列作品，尖銳犀利刺向時弊。一方面清官百姓拍手叫好，另一方面也不可避免地招惹了敵人。上一次〈宿紫閣山北村〉問世，引起「握軍要者切齒」，這回更甚，「聞《秦中吟》，則權豪貴近者，相目而變色」。想一想，掌握兵權者和權貴近臣近者都在切齒變色，作者身處危險之中，白居易是否知情？他會不會收手退讓呢？

不。白居易不僅深知險情，而且絕不退讓。他堅持廉臣諫官立場，堅持自己的主張：「文章合為時而著，詩歌合為事而作」，要「為君、為臣、為民、為物、為事」而繼續寫下去，坦坦蕩蕩，不計安危。

白居易遠遠沒有寫足寫夠。在危機四伏的情勢之中，五十首《新樂府》誕生了。這部系列作品好比如今的連續劇，從唐高祖武德創業，寫到唐玄宗先勝後敗一直寫到當代帝王唐憲宗。涉及前朝一百九十年間政治、宗教、經濟、軍事、民俗、文化等各個方面，豐富而又清醒。有學者高度讚譽白詩：「質而言之，乃一部唐代《詩經》。」真是一語概括，評價至高。

這裡保留《新樂府》五十首詩前提要，以原貌呈現，無須註解，讓讀者直接體會學士心聲，其中不少名詩讀者早已熟悉：〈七德舞〉，乃讚美撥亂陳王業也。

〈二王後〉，明祖宗之意也。

〈立部伎〉，刺雅樂之替也。

〈上陽白髮人〉，愍怨曠也。

〈新豐折臂翁〉，戒邊功也。

〈司天臺〉，引古以儆今也。

〈昆明春水滿〉，思王澤之廣被也。

〈道州民〉，美賢臣遇明主也。

〈五弦彈〉，惡鄭之奪雅也。

〈驃國樂〉，欲王化之先邇後遠也。

〈驪宮高〉，美天子重惜人之財力也。
〈青石〉，激忠烈也。
〈西涼伎〉，刺封疆之臣也。
〈澗底松〉，念寒俊也。
〈紅線毯〉，憂蠶桑之費也。
〈繚綾〉，念女工之勞也。
〈母別子〉，刺新間舊也。
〈時世妝〉，警戒也。
〈陵園妾〉，憐幽閉也。
〈杏為梁〉，刺居處奢也。
〈官牛〉，諷執政也。
〈隋堤柳〉，憫亡國也。
〈法曲〉，美列聖正華聲也。
〈海漫漫〉，戒求仙也。

〈華原磬〉，刺樂工非其人也。

〈胡旋女〉，戒近習也。

〈太行路〉，借夫婦以諷君臣之不終也。

〈捕蝗〉，刺長吏也。

〈城鹽州〉，美聖謨而誚邊將也。

〈馴犀〉，感為政之難終也。

〈蠻子朝〉，刺將驕而相備位也。

〈縛戎人〉，達窮民之情也。

〈百鍊鏡〉，辨皇王鑑也。

〈兩朱閣〉，刺佛寺浸多也。

〈八駿圖〉，戒奇物懲佚遊也。

〈牡丹芳〉，美天子憂農也。

〈杜陵叟〉，傷農夫之困也。

〈賣炭翁〉，苦宮市也。

〈陰山道〉，疾貪虜也。
〈李夫人〉，鑑嬖惑也。
〈鹽商婦〉，惡幸人也。
〈井底引銀瓶〉，止淫奔也。
〈紫毫筆〉，譏失職也。
〈草茫茫〉，懲厚葬也。
〈古塚狐〉，戒豔色也。
〈天可度〉，惡詐人也。
〈鵶九劍〉，思決壅也。
〈黑潭龍〉，疾貪吏也。
〈秦吉了〉，哀冤民也。
〈采詩官〉，鑑前王亂亡之由也。

請看，五十首題注關鍵字，除去少量美，大都是刺、念、警、鑑、譏、諷、憂、戒、辯、思、惡、傷、苦、疾、懲、憫、憐、哀、感，將《詩經》「美刺興比」的傳統，發揮到淋漓盡致。

白居易期待這些作品能夠對政事決策帶來正面的影響。〈驪宮高〉明確指出皇帝遊幸一方，極度揮霍浪費，「君之來兮為一身，君之不來兮為萬人」，吾皇理應收斂簡行。〈賣炭翁〉公開譴責宮市制度，揭露太監專橫霸道而毫不留情。最後一首〈采詩官〉呼籲君主應該廣泛調查研究，接納民間詩歌意見，兼聽則明，「君耳唯聞堂上言，君眼不見門前事」，導致「貪吏害民無所忌，奸臣蔽君無所畏」，這樣下去怎麼得了？全詩以「欲開壅蔽達人情，先向歌詩求諷刺」收尾，言語畸重，忠言逆耳，直讓人為他擔憂。唯願廉臣遇明主，老白得平安。

《秦中吟》、《新樂府》是白居易投身政治改革的利器，是忠臣披肝瀝膽的意見書。

七、險遭憲宗處罰

元和四年（西元八〇九年）秋，承德軍節度使王承宗反叛，朝廷怒而征討。殊不知憲宗舍良將不用，偏要任用宦官擔任三軍統帥，滿朝文武愕然。這位太監正是前面提到的吐突承璀，時任皇家禁軍兩員中尉之一，領神策軍左翼。現在要讓一個內官統帥各路大軍出征，對敵毫無威懾力，對內則開此弊例，危害無窮，白學士責無旁貸，首先向憲宗皇帝面陳反對意見，無效，繼而疾書〈論承璀職名狀〉，再度嚴詞進奏：「興王者之師，徵天下之兵，自古及今，未有令中使專統領者……臣恐四方聞之，必輕朝廷，四夷聞之，必笑中國……陛下寧忍徇下之情而自隳法制，從人之欲而自損聖明，何不思於一時之間，而取笑於萬代之後。」這些話一點都不顧及皇帝顏面，直接指責「陛下錯了」，立刻觸怒龍顏。憲宗召見中書舍人李絳，要把白居易逐出翰林學士院。白學士命運岌岌可危。《綱鑑易知錄》卷五十六記載了這件事：

（綱）以李絳為中書舍人。（目）上每有軍國大事，必與諸學士謀之。白居易因論事，言「陛下錯」，上色莊而罷，密召絳謂曰「居易小臣不遜，須令出院。」絳曰：「陛下容納直言，故群臣敢竭誠無隱，居易言雖少思，志在納忠。陛下今日罪之，臣恐天下各思箝口，非所以廣聰明，昭聖德也。」上悅，待居易如初。

這位李絳官為中書舍人，地位頗高，但他和白居易一樣，同時是六位翰林學士之一。上文可見，李絳俠肝義膽，又很會說話，「吾皇您一向能夠容納直言真話，所以群臣才敢竭盡誠言而不隱諱。居易進言雖然欠缺考慮，但他的動機還是出於忠誠。您現在責罰他，我擔心天下人都將緘口不言。這樣就不能廣納聰明才智，也就不能彰顯您的美德呀」。憲宗聞言轉怒為喜還像以前一樣寬待白居易。試想，皇帝生氣，密令逐臣，誰敢不從？而唐憲宗畢竟不是一個昏君，他聽從了李絳睿智勸言，依然高待言官辭臣，遂使居易轉危為安。前後過程真是驚心動魄。不久，又將李絳升為了宰相。

憲宗皇帝隨即將吐突承璀削去掛帥領兵之「四通行營兵馬使」以及「詔討處置使」兩銜，改為「詔討宣慰使」隨軍出征，一年後果然無功而返。

不久，有官利用前朝名臣魏徵故居，名為出資修繕，實際上是為自己掠美求譽，白居易激濁揚清，上書予以制止。

淮南節度使王鍔，跑到京城揮金買官，要當宰相，遭到白居易抗辯阻止，王鍔

「好事」將成而未成。

白居易在翰林學士位上，清廉守正，盡職盡責。而前面說過，翰林學士是使職不是官職，他的正官是八品左拾遺，俸祿不高。一轉眼左拾遺三年期滿，白居易又到了改官重任關頭。這時，憲宗皇帝出於對這位才子的偏愛，也念及他幾年來履職有功，便讓白居易自己選擇一個新官就任，「其官可聽自便奏來」，亦有提高白學士俸祿待遇之意。這已經很有人情味了，但是改官不能盲目超越層級，只能在官制允許範圍內提升待遇。白居易深明規矩，當然遵循奏報，他要求改一個州府判司官，就足夠了。

憲宗很快就批准了這一請求，詔授白居易升任「京兆府戶曹參軍」之官，依前保留學士院學士一職。戶曹參軍為六位府衙判司官之一，主管州府戶籍，為正七品官員。比起以前「從八品上」的拾遺官，已上升兩級，「俸錢四五萬」也比以前多出不少。並且翰林學士兼帶此職，白居易仍然在朝內盡責，不需要到京兆府走馬上任。白居易如願以償，隨即寫了〈謝官狀〉，工作更加勤奮，「擢在翰林，身是諫官，月請諫紙」，晝夜加班。

順便說一句，唐朝民與官的比例是一千九百二十七比一，即將近兩千人養一個官員，實屬高薪養廉。

總結白居易身任翰林學士、左拾遺期間，即元和二年十一月到元和六年四月（西元八〇七到八一一年）四年時間裡，力主君王「以天下心為心」，「以百姓欲為欲」，忠正廉直，夜以繼日，為振興中唐大聲疾呼，參政議政，屢陳時弊，所完成的工作量十分驚人。先是請降囚徒，蠲租稅，放宮人，繼而上書請絕皇室進奉，請禁掠賣良人。他「忘身命，瀝肝膽」，「不懼豪權怒，亦任親朋譏」，敢對當朝宰相提出非議，一論宰相裴均違制進奉銀器，二論宰相於不該暗進小妾，三論中尉內官不可擔任統軍元帥，真是不顧性命，拚死諫奏。白居易在《新樂府》中寫下一篇〈官牛〉，題下自注「諷執政也」，直接抨擊宰相特權。「執政」乃宰相別稱，是個名詞，不作動詞講。當時，新拜宰相上任，要動用官牛官車，遠道裝載沙土修鋪道路，要從住宅一直鋪到宮城，以免泥濘弄髒了「執政」的馬蹄。白居易認為這項舊規純屬勞民傷財特權之弊，「馬蹄踏沙雖淨潔，牛領牽車欲滴血」，須知這位宰相不僅權重一時，他兒子還是當朝駙馬呢……雖然唐朝設立言官直諫制度，可以在一定程度上保障學士和拾遺身家安全，但風險依舊存在，才高豈能無憂？何況他屢犯龍顏……

在這一階段，白居易官職弱小，卻抵達了一個廉臣人生的赫赫高峰。大批諷喻詩橫空出世，也是千載流傳為後世所珍視的白詩價值所在。

八、丁憂母喪離朝三年

元和六年四月，白居易母親陳夫人忽然去世，年僅五十七歲。遵照禮制，官員要在孝道方面成為百姓表率，必須去官解職，返鄉丁憂盡孝。白居易就此中止了翰林學士和戶曹參軍職務，胞弟白行簡也停止了祕書省校書郎的工作。悲痛之間，兄弟二人雙雙淚灑朝堂，辭別長安，向百里之外的華州下邽縣（今陝西渭南臨渭區）扶棺葬母而去。

七年前（西元八〇四年），白家自符離移居下邽紫蘭村（今陝西渭南下邽鎮太上莊），白氏兄弟將在渭水之畔除服守孝三年。待丁憂期滿，再期盼朝廷酌情安排新職，重新回到職場。

白家擁有土地和房屋，在唐代屬於中等規模。丁憂停俸，白居易只能躬耕自濟。赤日炎炎下，白居易長吟「嗷嗷萬族中，唯農最辛苦」。寒冬來臨時，妻子為他縫製新棉布裘，這位曾經的帝王近臣，撫衣思農：「丈夫貴兼濟，豈獨善一身。安得萬里裘，蓋裹周四垠。穩暖皆如我，天下無寒人。」（〈新製布裘〉），一片赤子之心。

賣駿馬換耕牛，典朝衣沽酒醉。白居易忽而「穀苗深處一農夫，面黑頭斑手把鋤」，忽而「復多詩中狂，下筆不能罷」，「今宵醉有興，狂詠驚四鄰」，忽而靜下心來「暮讀一卷書，會意如嘉話」，獨處精神世界。他是頂級名流，又是山野村夫，沒有牢騷，悠然自適。藏鋒守拙日，最羨陶淵明。

九、凶案急諫貶江州

離離原上草，一歲一枯榮，野火燒不盡，春風吹又生。到元和九年（西元八一四年）冬，白公丁憂三年半，經朝中老友幫助，憲宗詔命白居易回朝，授任新官東宮「太子左贊善大夫」，輔佐太子，勸善規過，官位遠高於七品戶曹參軍，卻未能繼任原先的翰林學士。

太子東宮官清事閒，階達五品六品而不理朝政。照理說也算個好職位。但看朝中，幫派爭權奪利，舊官僚和宦官勢力庸腐無為，朝外藩鎮擁兵自重，危機四伏。對此，白公閒坐東宮半載，又豈能充耳不聞？他憂國之心未泯，總想有所貢獻，虛度時光絕非樂天所願，然而他忽略了一條：離開諫官之崗，不再身兼學士，要亂說亂動就十分危險了，東宮屬官尤不可議政。

白居易並不用心在意於這類警策，一個人的個性和思想，不經過挫折很難改變。厄運際遇正在向他逼近。

元和十年（西元八一五年）六月初三，是個血崩之日。凌晨，兩位主戰派大員，武元衡與裴度，先後步出府第，驅馬大明宮早朝，有護衛打著相府燈籠開道。突然間，藩鎮刺客從朱雀大道暗處跳出，直取宰相武元衡首級，迅疾提頭而去。再看向裴度，同樣遭到藩鎮刺客突襲。這位御史中丞幸有厚氈帽護頭，刀砍未亡跌落馬下，刺客仍要追殺，被侍衛奮力抱住不放，賊人砍斷侍衛雙臂奔逃，裴度身負重傷。

京都發此凶案，前所未有，相臣一死一傷，顯示為藩鎮周密策劃，意在透過暗殺阻止朝廷削藩大勢。為達此目的，凶手公然在武元衡無頭屍體上留下字條，威脅主戰派追凶必殺，朝官一片驚懼，皆閉口不言，唯恐殃及自身。

上午，白居易驚聞凶案，頓時血脈賁張，當朝宰相在京都被刺斃，實乃王朝奇恥大辱，削藩大計又豈能因恐嚇而退卻？對賊人暴行絕不可容忍。

中午，白居易奮筆諫奏，遞送朝中，主張捕賊雪恥，堅持武力征藩。

本來，舊勢力早就圖謀報復教訓白居易這個「眼中釘」，幾度貶謫革新人士，白公亦在名單之列。只因皇帝偏愛諫官詞臣，白學士名重朝野，又廉正慎行，一直沒有找到藉口。這一回總算有了把柄：他違反了東宮文官不得參諫朝政這條清規。

僅此一條「越職言事」，似乎還不足以引起憲宗憤慨，舊勢力便合力誹謗誣告，說白母看花墜井而亡，白居易卻寫了〈賞花〉、〈新井〉等詩，「甚傷名教」，朝官不孝，罪不容留。實際情況是：白母並非因看花落井，而白公〈賞花〉詩作頗多，幾乎逢春必作且持續多年，定罪牽強；〈新井〉詩亦成圍攻重點，而此詩寫於周至時期，那時白母尚在，說起來更冤枉。

蚊蠅飛舞嗡聲大作，白居易頭耳欲裂卻有口難辯。試想貢生以來，他三考突進擢拔破秩，詩文震爍聲名隆起，無視權臣率意抨擊，下棒上籠清孤榮貴，這一切怎不讓人忌恨？偏偏他對腐舊勢力的凶殘喪失警惕，對嫉賢妒能之輩的潛能未能產生意識，他對於陰險小人、陰謀詭計、陰暗心態三者皆無預判防範。此三陰實為傳統文化中極大頑弊，凡廉正才臣無不受挫。儘管唐代已是冤假錯案較少、文字獄陷最輕的朝代，白居易仍然難逃此劫。

從六月初三「越職言事」案發，到七月炎夏，一向殺伐決斷的憲宗皇帝對於如何處置白居易一直猶豫不決。這一個多月，白公「心化為灰」，極其苦悶。到了七月下旬，貶謫詔書終於下達：出京外任江州刺史（今江西九江）。一個不算很重的處罰。而中書舍人王涯不依不饒，復奏：不孝之官「不宜制郡」，憲宗無奈，遂改授江州司馬，比刺史又降了一格。這位中書舍人曾與白公同院同期為翰林學士，以往他出錯時，白公還曾奏諫幫忙，視同友人，後榮升。如今落井下石者正是此人。

唐朝外貶朝官規矩嚴厲，今天頒詔，明日必須啟程離京，不容一日逗留，來不及攜眷搬家時，此官必須單騎先走，到帝都之外很遠的地方，去等待家人。親朋摯友們可能連消息都不知道，所以貶官臨行，匆忙而又悽苦。

君權神授，帝利無邊，臣官的一切屬於君主。臣子備受冤屈，也只能服從變局。白居易丁憂回朝短短半年光景，就這樣離別長安，向江州而去。

十、江州司馬青衫溼

州府司馬是個閒職，說是協助刺史州務，實則無權無責，階不過五品。貶黜之官不准擅離屬地，外出受限，宴會等活動不得參加，生活圈狹小，形同軟禁。不久前，韓愈、元稹、劉禹錫、柳宗元等才臣，都沒有躲過此劫。劉禹錫連續受貶二十三年，柳宗元四十八歲死於柳州貶所。唯一辦法只能調節自我身心，「待之以時」。

白司馬自我調適尚算順利，其一天性樂觀豁達，半年前還在山鄉耕種，自認能上能下；其二源自三千里路途之中。人們把白詩名作紛紛題刻於亭臺驛站，「凡鄉校、佛寺、逆旅、行舟之中」隨處可見。白居易不懼豪強針砭時弊，廉臣忠義遍譽城鄉。一個貶官不但未被沿途嫌棄，反而備受抬舉。及至船到江州，刺史崔能，親率本府大小官員，前往岸邊碼頭，破格歡迎白司馬：「遙見朱輪來出郭，相迎勞動使君公。」（〈初到江州〉）朱輪，官方豪車也。刺史扶攜司馬，家眷享乘官車，鼓樂齊鳴，特殊禮遇。

接下來的江州歲月，生活閒適，司馬平庸。白居易利用大把時光，回顧往日從政得失，認真總結詩歌創作經驗，完成了著名詩論《與元九書》，延伸以往「為君為臣為民為物為事而作」主張，強調「詩文干政」立場，要使文學創作為社會進步發揮正面的作用——白居易自覺的理論意識，在唐代詩群中獨樹一幟。這與他廉潔守正的政治品格是一致的。

在江州期間，白司馬又得一件不朽之作〈琵琶行〉。此詩與〈長恨歌〉交相輝映，再次震驚朝野。飄零琵琶女，朝廷貶謫官，「同是天涯淪落人，相逢何必曾相識」、「座中泣下誰最多？江州司馬青衫溼」，千古名句，深入人心。白居易身處逆境，猶可創得大詩，正合了那句俗語「是金子總會發光的」。

「青衫溼」，淚溼青衫，問題來了。依唐律，官員著裝一目了然：三品以上服紫，四品服深緋，五品服淺緋，六品服深綠，七品服淺綠，八品九品服青。六品以下合稱青袍、青衫，自我謙稱時更是如此。那麼，江州為上州，上州司馬官至「從五品下」，白公官袍應是淺紅色，為何卻講「青衫溼」？

現代人大多認為，做什麼官就是什麼級。而唐朝不是這樣，唐朝官場有「職、散、勳、爵」四大概念。職指官職，散指階別，也叫「本階」，文官著裝先看階別，百官穿袍皆以「本階」為準。達到「朝散大夫」一階，始可服緋。在江州時段，白居易本階不達「朝散大夫」而是其下之「將仕郎」，則不能穿紅袍，只能穿綠袍以下統稱青衫。白公在江州留有兩篇祭山文本，篇首即以「將仕郎守江州司馬白居易，謹以……」開頭，行文嚴肅，兩篇不變，將仕郎身階清楚。唐代散階是核心制度，是固定階級。白居易一生把「職、散、勳、爵」四種情況都經歷了。白公丁憂之前，曾任翰林學士，地位雖高，但是級別待遇仍要依從自身散階，同時兼任左拾遺本官……總之，將仕郎守江州司馬白居易，當時級別不可服緋，淚溼青衫而成〈琵琶行〉。

十一、量移刺史換緋袍

白居易從元和十年（西元八一五年）七月貶離長安，到元和十三年（西元八一八年）十二月，時跨四年。他遠離塵囂，不得參政，多與那位劉十九兄圍繞「紅泥小火爐」，慢飲「綠蟻新醅酒」，調節身心。閒適中整理編輯以往詩文，結整合冊，留給後人。什麼時候才能出山再起重振雄風呢？白公不急躁，耐心等待。

這年十二月二十，白司馬終於盼來了「量移」詔書，詔命他前往忠州（今重慶忠縣），除任刺史一職。

所謂「量移」是唐朝對於貶謫官員逐步減輕處罰的一項制度。由一地司馬量移州府刺史，則有朝廷重新任用之意。這一轉折變動，對久居貶所之官，實乃仕途人生極大好事，全賴朝中崔群、裴度兩位宰相合力相助，又經憲宗同意，方才得以實現。這位崔群與白居易同齡，同期進入學士院，並肩擔任翰林學士，與白公友誼深厚。

忠州遠在長江三峽深處，戶僅七千，是個小地方。白居易寄詩崔群，誠摯表達愛意，末句云「忠州好惡何須問，鳥得辭籠不擇林」。是啊，因鳥只要躍出樊籠，飛向哪片樹林都好。雖是偏遠之地，卻能以主官之職治理一方，身心得到自由解放，白司馬已經非常滿足了。

今人或問：既然有朝廷得力大員幫助，何不將白司馬直接調回朝中任官？這一問，問到了關鍵：唐初，有陳子昂上書，要求吏部重視對刺史及縣令的提拔任用，武則天時期也專題研究過京地官員的任用辦法。到唐玄宗治吏，採納左拾遺張九齡諫議，下詔確定：「不曾擔任州縣官者，不得擬為（中央）臺省官」，「三省侍郎有缺，先求曾任刺史者」。眼下憲宗一朝，繼續強調以地方任官經歷為進入中央職位的必要前提。就是說，中唐已經形成了高官升遷的條件和準則。所以，二位宰相幫助白司馬先做州府刺史，是真心幫忙，為白居易長遠仕途著想，不是權宜之計。此前白公雖任縣尉、江州司馬，卻不算基層主官，調回長安重用也不太好。

這個問題釐清了，又產生一個問題。按規定，州府刺史任職，必須身穿官制緋袍。官服代表著王朝權威。而「將仕郎守江州司馬」白居易，階別不到「朝散大夫」一級，他只有綠色官服，從未配發過緋袍，更沒有相應配件「銀魚袋」，這是五品官員的身分證明。這套行頭全都沒有，又如何上任忠州？

江州的上級主管機關在洪州（今江西南昌），首長為江西觀察使裴堪大人。江州司馬臨別，須向觀察使述職辭行。白居易只好身穿「青衫」來到洪州，拜見裴堪。裴大人尤愛白詩，見狀深表同情，遂在踐行酒宴之際，出手相助，為白居易解決了這個難題。唐《通典》謂，「都督刺史品卑者，借緋及魚袋，永為常式」。《唐會要》等典籍亦有同樣記載，即不達品階之刺史，可以借用緋袍及魚袋，離任時停止穿用。

老官裴堪曾任同州刺史（今陝西西安大荔縣），如今升為觀察使，官階早已超越五品，正好有這套「刺史緋」存放在府中不用，當即命人取來，誠請白司馬更衣。頓時，滕王閣上同唱「落霞與孤鶩齊飛，秋水共長天一色」，席間讚譽之聲大譁。座中白居易是否感動落淚，現今人們已難揣測當時心境，但有口占謝詩一首流傳下來：「新授銅符未著緋，因君裝束始光輝……明朝戀別朱門淚，不敢多垂恐汙衣。」

激動欣喜之情溢於言表，無須掩飾。

堂堂官服，映照國家莊嚴形象，官廉而國威，豈容玷汙？

十二、忠州種樹東坡上

白刺史攜帶家眷，加上胞弟白行簡，自湓口登船，也就是相遇琵琶女的那個渡口，逆江流而上，駛往忠州赴任。從那年早春二月啟程，到三月二十八抵達忠州。這年白居易四十八歲了。

到忠州一看，小小山城果然荒僻，「吏人生梗都如鹿，市井疏蕪只抵村。一只蘭船當驛路，百層石磴上州門」，刺史的五馬朱輪專車根本不能行駛。黎民生產方式落後，還是刀耕火種。百姓生活貧寒焦苦，「畬田澀米不耕鋤，旱地荒園少菜蔬」。忠州管轄豐都、墊江等五個縣，個個都有困難：「山東邑居窄，峽牽氣候偏。林巒少平地，霧雨多陰天。隱隱煮鹽火，漠漠燒畬煙。」待到夜晚，刺史大人聞聽山野裡傳來陣陣哀歌，充滿怨愁，令他席不安枕：

竹枝苦怨怨何人，夜靜山空歇又聞。
蠻兒巴女齊聲唱，愁殺江樓病使君。

白居易起身燃燈，寫此〈竹枝詞四首〉，抒發滿腹惆悵。初來此職，他先是以一個外來旁觀者的角度，觀察貧寒邊城，深感陌生而又失望，「安可施政教，尚不通語言」，如何治理好忠州呢？白刺史面臨諸多難題。

首先，白居易整飭吏治，實施「省官、並俸、減使職」等一貫主張，裁減冗員衙役，辭退俗吏，減輕人民負擔，對留任州衙的精練人員，實行「均其祿，厚其俸」縮小差異化，做到「溫飽充於內，清廉行於外」，同舟共濟，勤政為民。

治郡先治官，為的是更利於「寬刑均稅」。寬刑，民眾有過錯，不要過分苛責，獄中積案應當寬理快放，嚴刑峻法對生產並無益處。均稅，大地主利用兩稅法之弊，兼併土地，勾結官府，逃租避稅，把稅賦負擔轉嫁給貧苦百姓。均稅就是要求豪強劣紳放棄特權，和平民一樣平等交納租稅。對下不再傷農，對上賦稅增多，政府公信力提升。

白刺史常常走出府衙融入民間，「薰草薦鋪座」，躬身調查研究，問計於民，發現州土山水氣候溼潤，非常適合植樹造林。於是他一邊肅理鹽法，鼓勵生產，一邊號召州民廣泛植樹，「但購有花者，不限桃杏梅」，柳樹品種也很好，「無根亦可活，成陰況非遲。三年未離郡，可以見依依」。他還從山溝裡移來一種木蓮樹，用以美化環境，又把江西映山紅移植忠州。白公熱愛大自然，栽樹種花，東坡荷鋤，劃土引泉，樂此不疲。「朝上東坡步，夕上東坡步，東坡何所愛？愛此新成樹。」而白刺史如此親力親為栽花種樹，並不僅僅以花木繁奇來美化城鄉外表，那就太簡單了，其實他另有深意，就是要引領並培養巴山文化新風尚，官民合力實現「寬刑、均賦、崇文、養樹」的治理願景。白公認為：「養樹既如此，養民亦何殊？將欲茂枝葉，必先救根株。云何救根株？勸農均賦租。云何茂枝葉？省事寬刑書。移此為郡政，庶幾甿俗蘇。」你看，治理和啟蒙緊密相關，種樹和政要不可分割。直到清朝，乾隆皇帝讀過這篇〈東坡種花二首〉，還大為激賞：「勸民均賦，省事寬刑，豈獨治一郡哉，雖以治天下可矣！」

刺史帶頭，百姓踴躍。當年忠州糧食豐收，次年城鄉百花競豔，白居易心情大好。美酒開壇，特地邀請父老鄉親，舉辦露天飲酒會，與民同樂：「蠻鼓聲坎坎，巴女舞蹲蹲，使君居上頭，掩口語眾賓，勿笑風俗陋，勿欺官府貧。蜂巢與蟻穴，隨分有君臣。」從這首〈郡中春宴，因贈諸客〉可以看出，白公已經和忠州百姓打成一片了，場面非常生動。

北宋黃庭堅作〈四賢閣記〉，講白居易等四位名賢相繼為官忠州，「相望凜然，猶有生氣」，此後歷任官員常常評議四賢逸事，得出結論，四賢之中，就數白刺史「為郡最暇豫有聲」，促使忠州成為三峽名郡。到了明代，忠州官民感念這位大唐廉臣，合力修建起一座白公祠，永久紀念白公功德。

白居易在忠州，前後思想變化明顯，令人深省。他在東坡栽樹種花之舉，成為後世廉臣於逆境中求奮進的一種象徵。大才子蘇軾淪落黃岡，效法白公，取「東坡」為其雅號，調整身心，樂觀務實，努力走出心靈困境，為後世所稱頌。

十三、堅辭厚禮

元和十五年（西元八二〇年）夏末，白居易忽然接到朝廷詔書，調他返回長安，除任「司門員外郎」一職。如此算來，白刺史在忠州，任期不足兩年時光，比預期「忠州且作三年計」，縮短了超過一半。正常情況下，唐代刺史任期應為三年至四年。

內中原因在於這年三月，憲宗皇帝慘遭宦官毒害，藥發駕崩。太子李恆繼位，為唐穆宗，改號長慶。高層鉅變，影響到一系列各派朝官遷貶，進而連動地方官員變動，一朝天子一朝臣是也。

「司門員外郎」是什麼官？唐朝三省六部制∴三省指中書省、門下省、尚書省，六部指尚書省下屬吏、戶、禮、兵、刑、工，各部以尚書、侍郎為主次官，每部下屬四司，共二十四司，各司以郎中、員外郎為主次官，合稱郎官。「司門」為刑部管轄四司之一，白居易就任該司次官，從六品上。

一別長安五六春。白居易退還刺史緋袍，復穿「青衫」回京赴任。待到朝堂舉目看，當年同僚諸友遍穿緋袍行走，官階品秩大多都有所提升。面對差距，白居易心情複雜，備受熬煎。

所幸這種尷尬狀態歷時不長，當年冬，吏部擢提白居易為朝散大夫，提升了他的本階。十二月，又由刑部司門員外郎升任禮部「主客郎中」，副職變正職，同時攜帶本官詔入舍人院擔任「知制誥」，專為皇帝撰寫詔書，再一次成為皇帝近臣，合稱「主客郎中知制誥」。看來，穆宗帝自幼喜讀白詩，知道他做過父王身邊翰林學士，為官廉潔守正，文辭嚴謹優美，偏愛加信賴，始有此任。白刺史半年前還在偏遠下州種樹，一轉眼就成了朝廷中樞重臣，青衫脫卻換緋袍，命運轉換實在太快。很顯然，穆宗詔還白居易，先授司門員外郎，本來就是一個過渡安排。白公舟車勞頓還要京城安家，實際上未及前往刑部禮部兩司就任，就在舍人院鋪紙碾墨了。時間是長慶元年（西元八二一年）正月初一。

白居易貶謫江州三年半，量移忠州近兩年，低潮期持續五年多，他不急不惱不嗔怨，心態平和等待來時，終於等到了嚴冬盡退，時來運轉。眼下天子厚愛，位重身榮，白公依然不驕不躁不輕浮，倍加躬身履新職。他勤奮工作，行為慎篤，能過苦難關，也能過得寵信關。

同年八月，白居易代表皇室前往功臣田布府中，宣諭田布出任魏博節度使，授檢校工部尚書，以寧遠將軍統帥大軍，出征討伐殺父叛賊王廷湊。田將軍身為忠烈之後，志在削藩，聆聽白居易宣旨，壯懷激烈，決定變賣家業，出資百萬錢糧，充實軍費，帶孝殺敵。精誠之下，田將軍執意要將自家絲麻織造五百匹，贈送給他所敬佩的白居易。唐時，絹帛視同貨幣，三十五匹絹帛可換一匹良馬。而白居易剛在長安新昌坊購置新居，節衣縮食，正是缺錢的時候。五百匹絹帛相贈，數目十分吸引人。在這個節骨眼上，白公冷靜思量，深表謝意，卻堅決不接受餽贈，起身告辭而去。田將軍以為廉臣受贈有所顧忌，便請友人真誠相勸白公放心收禮，且派人將絹匹運到白家，白居易仍然堅持不收。這件事很快傳到了皇帝耳中，穆宗以得此廉臣為喜，特派中使宣達聖旨，告知樂天，大將田布所贈出自真誠，無礙戒律，理當收納。皇帝一降旨，收還是不收？白居易一夜無眠。

凌晨，白公寫就一篇〈讓絹狀〉，奏復穆宗帝，慎重表態，這裡替讀者試譯：

昨日感戴聖恩，不敢不謝，今晨酌量事理，則不敢不說。臣家不富，並非不需要物資相助。而田布贈我，卻不同於別人家。為什麼呢？田布未報父仇，未雪國恥，普通人如有物資，本應盡力幫助他，怎麼還能拿人家的資財？不忍心啊。我們在條律中說：「一飯之飽，必均於士卒，一毫之費，必用於戈矛。」田家以五百匹絹相贈，如果我接受了，也就違背了規範，對不起天地良心——我拿著國家厚祿，應是皇室廉臣，每月得俸已很慚愧，再收取這種沒有名目的餽贈，怎能安心呢？現在田家所贈俱已退還，還望聖上慈悲，允許臣下這樣做吧……

這次皇帝特許之財白居易分文不取，博得上下讚譽。殊可嘆，田將軍散盡家財率軍出征，浴血殺賊而戰事不利。絕望之際，田將軍拔劍自刎，忠烈報國。穆宗深深感動，廢朝三日致哀，追授田布高官公示表彰，這道表彰制詔，仍然是白居易揮淚執筆，讓朝堂上下無比痛心。

十四、上柱國請求外任

到了十月初八，穆宗又將白居易擢升為中書舍人，成了正五品上。知制誥任職十個月，這位郎官就升為舍人院大員，若非皇帝真愛，一切豈可速來？中書舍人一職，時為樞密中樞重臣，史稱「文士之極任，朝廷之盛選」，是文人士大夫可望而不可即的朝中閣老，足以令人驚羨。不僅如此，穆宗又於同年授予白居易「上柱國」榮勳稱號，合稱「朝散大夫轉上柱國」，更非同小可。快速加官晉階，尚不難理解，而直接授予最高勳號，則讓人瞠目費解。

前面說過，唐朝仕途有「職、散、勳、爵」四大概念，其中「勳」官由早年軍事將領名號延伸演變，到唐代已不限文武，勳官等級分十二轉，最低一轉稱「武騎尉」，視為從七品，逐步上升至頂，稱「上柱國」，視為正二品，只是勳位不涉及實職罷了。而白居易常年伏案，又因何獲得這項最高榮譽呢？對於這個問題，史籍上都是一筆帶過，均未見合理詳析。

學界研究白居易有不少成果，近年有學者依據相關資料，考證白居易在憲宗、穆宗父子兩帝時期，身為近臣立下汗馬功勞，獲得國家級功勳以示嘉獎當之無愧：白居易曾在翰林學士院，今在舍人院，所完成的工作量遠超他人，兩朝均排第一。白公恪盡職守，在兩院先後撰寫各種任命詔書和中央決策文告，兼寫許多德政碑銘、事件志要文獻，還編纂完成了多部輔政治國的長篇大書。例如白居易領銜完成《搜次君臣成敗》五十種，製成《前代君臣事蹟》十四卷，隆重推出御製文本，繼而完成《大中刑法總要格敕》等。這些繁重工作放在今天，必定需要由國家成立專門機構，長年分工合作才能完成。學者考察兩帝同時期幾代翰林學士和中書舍人的工作成果，列舉十一人進行統計對比，結果表明：元稹完成制文六十五件，薛廷珪六十六件，陸贄八十一件，錢珝九十一件，杜牧一百件，而白居易於憲宗朝完成一百二十二件，穆宗朝完成兩百三十三件，兩朝合計完成三百五十五件，數量龐大，品質優良，高居榜首，沒有人比他更勤奮了。

撰文制詔數量顯著，品質成效尤為突出。白公奏章諫議多次被皇帝採用，「上多聽納」，由朝廷推行，實際建功於中唐復興。其他相關的事由很多，本書限於篇幅不再細敘。

這樣梳理統計下來，皇室授予廉臣大才白居易最高榮譽勳號，就不難理解了。有記載說，穆宗帝還把這位「上柱國」視為司馬相如一樣的賢良丞相看待，絕不僅僅是私下偏愛樂天詩才。

中書舍人距離宰相官位僅僅一步之遙，前例多人據此實現了這一願望。如果，白居易再加把勁，宰相之榮同樣指日可待。而庸官總是痴懷希望，卻不懂得為進這一步，很可能跌倒不起，失去更多。白公清醒，心明如鏡，榮華近貴亦近禍，榮衰之變須早知。

長慶二年（西元八二二年）七月初，白居易決定急流勇退，放棄朝官求外任。

唐代官場士林普遍重長安而輕外任，中央的官員當然不願意到州郡去，中書舍人不求宰相而請求外任，則更加稀奇。這正是樂天區別於奢欲官員之處，原因有三：一是看清了穆宗皇帝遠非治國之君。其父親勵精圖治，穆宗則疏遠朝政，「荒縱不法」，尤喜離朝遊獵，邊關報急竟找不到他在哪裡，修宮建殿揮霍錢財，屢勸不止。藩鎮未平，河朔復亂，穆宗卻以為天下太平，白居易幾度上奏治亂方案，他置之不理。史載「天子不能用」。

二是宦官們驕橫干政，臣相人人自危。穆宗寵信閹黨，這一點與其父毫無區別。

三是牛李黨爭升溫。雙方要員都是老友，白舍人堅守清廉不願選邊站，夾在中間兩頭為難，處境艱險。今日尚安，日久何堪？

如上三條，實為中晚唐積弊，尤因穆宗昏聵而加劇，眼見得朝中政治生態日益惡劣，廉潔清正之臣報國無門。與其在朝難有作為，不如下到州郡去，腳踏實地造福一方，為百姓做些貢獻。

白公曾經在周至、下邽、江州、忠州辛苦度日，雖然談不上榮身順遂，但卻體會到天地自由。這是禁宮人臣無論如何都無法得到的。據統計，白居易詩文中，使用「自由」一詞頻率奇高，如「富貴身忙不自由」、「遍尋山水自由身」、「貧賤亦有樂，樂在身自由」等。足見其精神渴望，必在山水民間。

七月中旬，唐穆宗同意了白居易請求，詔免中書舍人，除授杭州刺史。白公對此十分滿意，作詩曰「太原一男子，自顧庸且鄙。老逢不次恩，洗拔出泥滓」，他把皇宮金殿中樞貴地，比作泥潭渣滓，慶幸自己「洗拔」而出。「庸且鄙」，平凡而又庸常的普通人，這是白公常常自喻自況的「中人」。

擺脫束縛，得到了自由，白刺史立即登程。

事實證明，白居易在當紅之際急流勇退，求得外任名州郡使，的確有先見之明：他到杭州上任僅僅數月，那位荒嬉穆宗就在娛樂馬球時，突然中風倒地，從此臥病不起。此後貪服金丹奇藥一年多，於長慶四年（西元八二四年）正月駕崩。他二十六歲登基，不到三十歲結束生命，是唐朝皇帝中壽命最短之君。

十五、杭州治西湖

長慶二年（西元八二二年）十月初一，白居易抵達江南大郡杭州城。在白刺史少年時的印象中，杭州物華天寶，開元盛世時達到八萬六千二百五十八戶，名副其實是個江淮上州。而現實情況卻大大出人預料。杭州時年大旱，災荒引發民亂。《新唐書》對長慶二年江淮饑饉有著明確記載。比鄰和州（今安徽馬鞍山）飢民棄鋤舉戈，搶掠官米，竟將縣令悍然殺死。凶年邪火大有燎原之勢，鄉村危機引發城市動盪，赤地歉收，城中必然糧價高升。人心離亂，盜賊蜂起，州民被迫流亡他鄉，人戶驟減勢在必行。十多年前，白居易《秦中吟》第七首〈輕肥〉，說「是歲江南旱，衢州人食人」，慘痛情景就發生在這一帶。

怎樣才能遏制和減少此類悲劇發生？

最好的辦法當然是治水。做官不懂治水，就不懂政經之道，這是因為中國地形西北高而東南低所決定的。當年，白居易奮身制舉，揮汗完成《策林》七十五篇，第一篇就專為治水謀策，題〈辨水旱之災，明存救之術〉，指出唯治水才能「保邦邑於危，安人心於困」。唐朝近三百年，竟有一百三十八年發生水災，亦有一百一十四年發生旱災。在白居易看來，水旱災害分人災、運災兩種，人災可以避免，運災雖然難以全避，但透過官府採取有力措施，也可以減少損失。《策林》告誡上層以及郡縣百官，必須採取各種手段，防災、減災、救災、賑災，拯救百姓於水火。而郡縣刺史縣令，當施善政全力進行防澇抗旱，固土祈福，以期有備無患，逢凶化吉。白居易最心儀的官職，竟是「水官伯」。

白刺史任杭州，是年大旱赤地千里。所幸到任時間已是十月，抗旱救災的高峰期已過去。他當即展開實地勘察，針對杭州設計治水方案，力圖明年「猶須副憂寄，恤隱安疲民」，旱澇保收。

杭州「咽喉吳越，勢雄江海」，更有西湖滋潤，舉目可見碧水。如此不缺水源好上州，為何連年遭受旱災？問題究竟在哪裡？

經過深秋初冬一番調查，白刺史綜合分析百姓意見，終於找到了癥結所在：第一，西湖雖好，但逢旱水淺無法灌溉，逢雨則溢不能儲積。若要湖盡其利，唯有在東北岸築堤防湖水外溢，雨來保水，不致流失，旱時放水滋潤焦土，才能穩保千頃稻田豐收。第二，杭州居民依井飲水，同樣與治理西湖密切相關，如果西湖不能供水，城中市民則只能望湖興嘆，引用本土苦濁之水。

就是說，杭州減災興利，集中於治理西湖。西湖是一顆璀璨的明珠，擦亮明珠才能照耀人間天堂。

白刺史力主在湖岸築堤。但唐代一般的水利工程計畫必須依照「中央總舉，地方自營」原則，層層報批，待朝廷批准後，始可動用資金，招人開工。這個程序難不倒資深朝官白居易，經過江西觀察使李德裕和當朝宰相以及工部諸官的大力支持，快速過關斬將，很快得到批覆。

不料，官方程序雖然順遂，動工時卻遭阻撓。反對和抵制工程者，是一批本土豪紳權貴。當時，西湖還是一塊大溼地，富豪們在湖中各有上百畝不名田地，或經營水產養殖，或種植茭白菱藕，各取厚利。故放言蠱惑，說西湖乃魚龍神祖之地，擅動工程必遭大難。當地錢塘縣令居然出面為豪強說話，謂西湖廣大，淤泥甚多，若清湖深挖，大量淤泥要放在哪裡？又說資金短缺，難以支付工程所需，勞役工人也遠遠不夠。總之神靈不許，困難太大，湖岸築堤不可妄動。

白刺史當然不信這個邪。他批駁了各種怪異說法，排除阻力按計畫開工，絕不動搖，他親撰〈錢塘湖石記〉一文，刻碑明志：

俗云，決放湖水不利錢塘縣官。縣官多假他詞以惑刺史。或云魚龍無所託，或云茭菱失其利。且魚龍與生民之命孰急？茭菱與稻粱之利孰多？斷可知矣。

魚龍與百姓聲名哪個緊急？茭白菱藕與糧食豐收哪個利重？道理不辯自明。豪紳加上縣令反對西湖工程，不過是維護自家私利，胡編亂說而已。烈日炎炎之下，他們不關心農家猶在飢餓中淌淚，更無視千里稻田焦渴生煙，只知年年肥飽私囊，殊不知：「北有石函，南有筧，凡放水灌田，每減一寸，可溉十五餘頃；每一復時，可溉五十餘頃。」唐時，一頃土地約為五十畝。以橋閘涵洞用作引灌通道，「每一復時」，可以灌溉多少良田？

白居易親撰碑文說理充分，依法治湖，切合實情，思辨有力。諸家譽為古代水利史上罕見美文，至今鐫刻在杭州少年宮附近。

清湖挖泥擴容，大量的淤泥怎麼辦？有辦法：西湖上原有一道斷斷續續的白沙堤，挖出淤泥填築其上，正可以抬升庫區水位。堤上大量植樹，鞏固堤基。

勞力不足怎麼辦？白刺史下令，州縣兩級官吏全體參加西湖施工勞動，凡無故不到者，一律罰俸停職。於是百姓跟進，官民奮勇。

資金不足，州縣徵糧籌款補齊，要知道白刺史可是當過縣尉的。

三十里西湖岸畔，馬嘶人喊，遠看如萬蟻奔忙，濬深湖，補舊堤，築新壩，立閘口，施工不捨晝夜。這是長慶三年（西元八二三年）最為生機盎然的錢塘盛況。

不久，西湖東北岸上，一座嶄新大堤赫然隆起。它不僅具備了水利功能，而且演變成一條秀美的交通大道，其位置約從今日錢塘門到武林門一帶。西湖工程的開發完善，對於中晚唐杭州經濟發展和社會繁榮，發揮了顯著功效。

百姓歡騰，刺史欣慰。白居易常率官吏沿湖巡視，但見碧波蕩漾之間，湖堤、橋閘、涵洞、溢洪堰設施俱全，澇蓄雨水，旱施灌溉，千頃良田，旱澇保收，且與周邊河道貫通，湖水漲溢時可以排泄疏導。西湖福澤的不再是少數豪強，而是千家萬戶農耕人。

為保護堤岸設施，合理有效地蓄水、供水、管水、用水，白刺史特地安排了專職管理機構，選派「公勤軍吏」輪值排班，建立制度法則，刻碑公示，有法可依。

依法保護新西湖，官民擁護。然而過去有一些陳規舊法，源出官府，古今同弊，多年來百姓反應十分強烈，更急需改革。最突出的弊端，就是用水的審批制度。以往舊法規定，農戶用水不可無秩擅引，必須官方批准，這一條原則上本無大錯，否則堤上軍吏管閘放水，又有什麼依據？癥結不在於官府管理，而在於官府程序太拖沓，層層環節形成腐敗的溫床，「狀入司，符下縣，縣帖鄉，鄉差所由」，「動經旬日」，嚴重耽誤農時。層層公文下來，鄉差通知供水，待到軍吏提閘之時，禾苗早已枯死大半。「赤日炎炎似火燒，野田禾稻半枯焦。農夫心內如湯煮，公子王孫把扇搖」，這搖扇王孫，便是首先得水溉田的富豪。而農時水情決定全年收成，於是民間爭水糾紛不斷，斷渠截流，搶水盜水，季節性案件頻頻發生，造成官府一味抓捕，大旱之年激化矛盾，官民對立亂象橫生。舊章程之弊，根源不在民間而在官府。

白居易平生崇敬佛門，又一度沉迷道教，內心平和，自身很容易滿足。但在為官履職方面，卻非常求真務實，毫不含糊。堅持以儒家民本思想執政，面對管湖用水舊章積弊，白刺史認為，杭州百姓與官府同心築堤，不遺餘力，不就是為了旱秧救急嗎？舊章程妨礙農時用水，農夫望水興嘆，築堤捍湖還有什麼實際意義？新西湖也就變成了表面工程。於是，白刺史斷然決定立即改掉舊章，確立新法：今後每逢農忙時節，農民不再層層上報，一律免除中間環節，直接將用水件報送刺史案頭，刺史釐清用水程序後，迅速批覆，下發「押帖」，管閘軍吏憑帖放水，當日滋潤大田，不得延誤。為將此法得以延續，白居易特地把這項改革寫入〈錢塘石記〉，以使新官上任，繼續實施。

石記刻碑立於湖畔，千家萬戶笑逐顏開。

十六、天堂疏六井

說完了西湖築堤，再說浚治六井。

杭州，傳譽人間天堂。偏偏這個好地方，長期受到錢塘江鹹水侵蝕，地下水苦澀，千家萬戶不堪飲用，造成一道大難題。

早在白居易來杭四十年前，名臣李泌出任杭州刺史。李泌守杭三載，立志解決全城用水大事。方法是引導西湖淡水入城，築建六口大井。透過開鑿管涵石槽，注水入井。所謂六井，實為六個蓄水大池。只要西湖不乾涸，則城中淡水不枯竭。六井分布合理，城區人商兩旺，可以說，沒有李泌六井工程的建造，就沒有人間天堂的興盛繁榮。

幾十年世事亂紛紛，天湧風雲，地滾紅塵，李泌六井日漸殘損，多處閘口破敗失修，涵洞管道泥石淤塞，西湖水位高低不定，全城用水幾近斷流，經濟生活受到嚴重影響。

前賢功德「甚利於人」，豈能在我輩手中毀於一旦？白居易從整體層面治理西湖，疏濬六井正是配套工程，勢在必行。白刺史號令：築堤和復浚六井同時開工。

歷經半年的緊湊工程，西湖和六井兩項工程同時竣工，湖廣闊，井深淹，水甘甜，萬民同唱廉臣佳詩：

孤山寺北賈亭西，水面初平雲腳低。
幾處早鶯爭暖樹，誰家新燕啄春泥。
亂花漸欲迷人眼，淺草才能沒馬蹄。
最愛湖東行不足，綠楊陰裏白沙堤。

（〈錢塘湖春行〉）

兩項大工程，為杭州民眾帶來全新的生活境況。此後史書多有讚頌，影響深遠。《新唐書》和李商隱作白公墓誌銘，均有詳譽，到北宋，蘇東坡刺杭州，評價白居易「道德高於古人」，並將六井再次疏濬，還開闢了新井。白公所制定的各項管湖法則，也不斷得到了補充和完善。那道白居易的白公堤，到明代末期尚有記載存見，歷經八百年風雨摧襲，依然造福一方。直至清朝初期，滄海桑田，西湖易變，白公堤漸漸消失。巧的是，西湖上原有的自然白沙堤，也有一個白字，西湖工程曾將大量湖底淤泥堆積其上，種植很多樹木。杭州百姓世世代代感懷白居易功德，當真正的白公堤消失以後，人們便把這份感懷轉移到白沙堤上。儘管白沙堤並非白公堤，人們也寧願混為一談，廣泛傳頌以寄託人民對德政廉官的持久期盼，綿延至今，乃成勝地。

兩大工程竣工後，五十三歲的白刺史餘興未盡，他又替自己加上了一項工作：把以往的詩文合編成冊，著名的《白氏長慶集》就是在杭州問世的。詩歌兩千八百首，分成諷喻、閒適、感傷、雜律四類；文章千餘篇，總計三千八百件，編成七十五卷，蔚為大觀。

十七、別州民

白刺史在杭州德政顯著，正忙得如火如荼，到第三年三月，京都忽然傳來消息：自長慶二年（西元八二二年）中風久病的穆宗皇帝終於駕崩離世，太子李湛繼承皇位，是為敬宗，年僅十六歲。本來，白公曾經暗自慶幸遠在江南以避凶險，躲過了宮廷爭鬥的漩渦，如此一變，再度凶吉難料。誰知道這位尚在玩樂年齡的少年新帝會做出什麼事來？果不其然，敬宗李湛登基上朝沒幾天，就在長慶四年（西元八二四年）五月裡，詔令白刺史卸任杭州，到洛陽去，另任「太子右庶子」分司東都，這是一個大閒職，正四品下，階別倒也不低。

猜測不出此一調動的原因，屬臣唯有奉詔遵行。只是杭州諸事初見成效，諸多理想遠未實施，白刺史實在不忍離去。臨行之際，白居易做出一個特殊決定：從自己累積下來的俸祿中，抽出大部分銀兩，留給杭州官庫，補充州內公用之不足，也使新任郡使手頭能夠寬餘一些。

這項決定著實令人驚訝，古往今來官府中，鮮有此舉。民諺「三年清知府，十萬雪花銀」，哪有反過來主動出資充公這樣的事、這樣的官？宋代《唐語林》卷二，記載了這件事，書中先是讚許白居易擔任杭州刺史，築堤浚井有功德，接下來寫道：

及罷，俸錢多留官庫。繼守者公用不足，則假而復填，如是者五十餘年，及黃巢至郡，文籍多焚，其俸遂亡。

看來，白刺史帶頭出資，是建立了一項公益基金，用於保障治水後續工程資金。後任官員陸續補充投入，一直維持了半個世紀。待黃巢造反邪火焚州，唐末政權岌岌可危，這項以俸錢填公用的舉措才告終結。不，不能說終結。王朝隔代到清朝，名臣帥仙再任浙江巡撫，效法白居易，振興水利，再修西湖，也曾留下祿銀入庫，是為繼承。三代帝師祁寯藻贊曰：「冷吟閒醉憶杭州，誰識清風宦跡留，一樣私錢付官庫，白香山後帥仙舟。」可謂傳承有序，拂世久遠。

順便一提，上州刺史例為從三品，月俸八十貫，一貫錢為一千文，相當於一兩白銀，八十貫即八十兩白銀，合八兩黃金，白刺史法定俸祿不少。而中唐時期，外官俸祿要取出百分之二十交給戶部，充作朝廷軍用，類似今日的個人所得稅，這就不太多了。另外，地方官吏還有一些正當收入，來自稅收中的「留州」部分。白公此次留俸入庫，具體金額不詳，也算取之於民，又還之於民。

總之，白居易在杭州二載，「路溢新城市，農開舊廢田」（元稹語），如今終將離去，白詩〈西湖留別〉「處處回頭盡堪戀，就中難別是湖邊」。捨不得走也得走，一家人登臨官船，準備啟程。船上沒有金銀財寶，唯有一隻華亭白鶴、兩塊天竺怪石。華亭鶴久養府中，已經有了感情。天竺石為杭州特產，帶回北方留作紀念。白鶴與美石，便是清廉高潔的象徵。

官船正待啟航，杭州百姓前來相送。難得一位廉潔好官，民眾怎能不愛戴？送行人泣淚，白居易哽咽，一首〈別州民〉憂思深長，字字千金：

耆老遮歸路，壺漿滿別筵。
甘棠無一樹，那得淚潸然。
稅重多貧戶，農飢足旱田。
唯留一湖水，與汝救凶年。

白公愧疚自己甘棠業績不夠，雖卸任刺史，仍惦記著重稅之下，很多百姓仍然貧困。農家飢寒，旱田赤地，所幸留此一湖碧水，尚能聊補凶年之災吧。

〈別州民〉情深意切，歷代傳誦，君臣共賞。

十八、洛京囊中羞澀

兩千多里的水陸行程，白居易攜全家到達洛陽，這一年白公五十三歲。

遠在長安新昌坊，白家有房。而京城是個永不安寧之地，在那裡絕不能得到清淨。中唐以來，老臣閒官往往落戶東都，吟詩弄琴，把酒休閒，停歇爭鬥，舒展晚年，這才是樂天所願。

白家在洛陽沒有房舍，先是落腳在親友楊歸厚府上，然後再依據財力安宅落戶。按說白公剛從大州刺史卸任，又榮享「上柱國」勳位，理應建造豪門深府，顯赫安居。哪知這位廉臣早已將大部分錢留給了杭州官庫，囊中所餘，根本不抵安宅建造之資。無奈，只好選購一位舊官的宅邸，地點是在城外東南履道里(今河南洛陽安東鎮獅子橋村)。即便如此，錢還是不夠，白公又賣掉兩匹馬，勉強湊齊房款。白居易看中此座二手宅邸，實際上是相中了這處院落比較寬敞，院內一大片水池，還有小橋竹園，可以養鶴安石，釀酒盪舟，府院風格很符合樂天口味。而舊官舊府久不住人，需要重新修繕才能安居。眼下手中再無餘錢可供使用，老宅殘院不可入住，暫居楊家亦難久居，家中再無財寶可賣，白公一時束手無策。

難關當頭，老友王起出手相助，為白公排憂解難，補上了老宅裝修資金缺口。王起如此義舉由何而來？只因王起早年與白公同科進士及第，攜手並進到中年，同朝擔任知制誥，進而同朝擔任中書舍人，僅在白居易貶黜期間有過分離。王起與白公同朝相處多年，最佩服老友才學蓋世、忠肝義膽，為官清正廉潔。五六年前同在舍人院，武將田布以五百匹絲絹相贈白舍人，白公堅辭不受，帝特許收納，白公以國事為重，仍婉言拒絕，鉅額絲絹悉數送還，高風亮節人人稱讚，王起親歷親見，更是感佩難忘。白公外任杭州後，王起也從兵部侍郎高位轉來洛陽，上任河南府尹。如今，兩位老同僚重逢洛京，茶餘酒後，一訴衷腸。白公囊中羞澀並非意料之外。安居事大，王起慷慨解囊相助，自在情理之中。

至此，長慶四年（西元八二四年）結束，唐敬宗改年號為寶曆。樂天謝過留居老友楊歸厚，終於優游閒適地入住履道里新居。

十九、蘇州山塘燈火明

忽一日，白居易的命運再度發生變化。洛陽「退老」半年，安宅定居，喘息方定，一道聖旨驟降履道里，詔命太子右庶子白居易，接旨上任蘇州刺史。

寶曆元年（西元八二五年）三月中旬，白居易接到詔任，一時大惑，蘇杭二州合稱人間天堂，樂天已占其一，今再任其二，豈非夢中？

想來應是李程、裴度、竇易直三位宰相，促成了這等好事。

不迷不戀做官人，偏有官運在命中。五月初五，白刺史官船抵達蘇州。

名城果然雄奇，外城環繞四十七里，連接杭州、湖州、常州三大望州。西南太湖廣闊，水注姑蘇城中縱橫街巷。蘇州水陸並舉，物產豐富，漕船揚帆直通運河。城西姑蘇山，城中洞庭山，名勝古蹟遍布城鄉。白詩讚曰：「甲郡標天下，環封極海濱。版圖十萬戶，兵籍五千人。」

十萬戶州民，五千員將士，都在白刺史管控責任之內。此次詔命與以往有很大區別，全稱為「使持節蘇州諸軍事守蘇州刺史」。「使持節」就是帝王特使手握皇權授予的旌節，有權斬殺轄內諸官，相當於尚方寶劍。加上「蘇州諸軍事」，指這位刺史同時是本州最高軍事指揮，可以調令州屬軍隊，對強橫的藩鎮節度使發揮抑制和抗衡的作用。此事說來話長，隨後補述。

「十萬夫家供課稅，五千子弟守封疆」，白刺史責任可謂重大。府衙案頭，但見公文纍纍，積案如山。白公不敢懈怠，立即伏案批閱，以了解民事，掌握軍情。「朝亦視簿書，暮亦視簿書」，一連兩月埋頭衙署，從大局到細節，全面思考蘇州諸多難題。兩月之後，白刺史初步認為，治理蘇州需要簡政均稅，減輕農民負擔，「削使科條簡，攤令賦役均」，要讓疲憊的百姓得以休養生息。同時根據蘇州水陸相容的州情特色，依水興利，開路修堤，解脫「兵數不少，稅額至多」之困境，改善「土雖沃而尚勞，人徒庶而未富」的嚴峻現實。

城市要繁榮必修大道。唐時，蘇州城鄉人口稠密，水陸交叉交通不暢。何況城西閶門到虎丘碼頭，兩地之間沼澤氾濫，山塘水草阻隔數里，人貨往來離不開舟船，繞行則倍遠，嚴重妨礙著城市與郊區的經濟發展。刺史決定，大力治理河道，修築一條車馬通行道路，填平沼澤，亦路亦堤，把這蘇州城鄉連成一片。

修築這條道路，白公可能借鑑了杭州西湖的治理經驗：充分利用舊堤基礎，挖掘山塘河泥用於堤上，既疏通了河道，又築成了堤路，繼而種植楊柳桃李，固堤美化，逐年用石塊砌牢堤路兩岸，讓山塘變成一條水陸並肩通行的商貿街市，長達七里，上堤走車馬，下河可行船，商街傍河，河堤固街，間有多座拱橋架於河道之上，人馬從容跨河，兩廂都是商家店舖。

七里山塘河與路，一朝修成聚人商，州民齊頌好刺史，白祠後門沿堤唱。和杭州一樣，蘇州民眾為白居易修建了紀念祠堂，也把這條水陸商道叫做「白公堤」，先有西湖白公堤，繼有山塘白公堤，白居易為後人留下兩道天下美堤，祠堂香火至今不斷。

筆者曾親臨山塘街行遊體驗，如今此地倍加繁榮，儼成一處旅遊勝地。《紅樓夢》第一回中描述此地為「最是紅塵中一二等富貴風流之地」。

為完善蘇州水利工程，白刺史反覆實地巡查，時而堤頭縱馬，時而下河乘舟。蘇州水網遍布城鄉，小橋往往拱洞偏低，刺史官船難以通過。白公特地打造了一種低篷小官船乘用，從此無礙。他察疾苦，訪草根，解民瘼，判疑案，在有記載的一年之中，竟然往返山塘十二次，極盡郡使之責。

二十、軍事指揮官

前面提到，白刺史守蘇州還有一項職責，即「使持節蘇州諸軍事」，旌節之下統領將士五千人，那麼他在日夜操勞州政以外，又是怎樣指揮這支軍隊的？這裡向讀者做一簡略的交代。

中唐，蘇州沒有發生戰爭。吳越戰事發生在春秋時期，吳王夫差打敗了越王勾踐。安史之亂則未曾禍及江南。唐末，蘇州有過兵災邪火，南宋有過金兵殺戮，元末有過朱元璋圍攻，明末有過清軍屠城，清末有過太平天國……而白居易在任兩年，蘇州一片和平景象，這支部隊未見血火攻防記載。

編制五千人的蘇州守軍，兵制屬於地方「團結軍」，有別於國家府軍、神策軍或邊防軍等常備軍隊。而各州團結軍，定員亦由朝廷兵部核定，盡由本州招募壯漢武夫組成。入編者可以免去稅賦，秋冬集中訓練，春夏農忙返鄉。一年兩訓，州府發放口糧與醬菜，提供伙食，但沒有統一軍裝，亦兵亦農。其中還有一部分志工，不徵自來，尚武好戰，多是老輩軍人後代，期望隨軍作戰，沙場建功而晉升。這種兵員統稱「子弟」，也是各路軍營的主要成員之一。

團結軍守衛蘇州，免徵課稅，耕戰兼顧，平時練兵，戰時殺敵。而養兵千日，白居易必須實行這五千人的待遇政策，保證軍資，督促訓練，特別要供足「口糧與醬菜」。五千壯漢每年的吃食，絕非一個小數字。有趣的是，唐朝軍隊無論正規府兵還是地方團結軍，軍中補貼均有醬菜，有補充人體缺鹽的效果，盡顯唐人智慧。這就需要白刺史發起當地加工生產，尤需確保鹽政。還有兵器箭鏃戰馬甲冑，修補城牆護城環河等等，都要這位「使持節蘇州諸軍事守蘇州刺史」統籌督辦，一一實行。

州務繁忙龐雜，刺史日漸衰疲，燈下審閱簿書案卷，雙目久已昏沉。白公〈眼病二首〉云：「散亂空中千片雪，蒙籠物上一重紗。縱逢晴景如看霧，不是春天亦見花。」眼病已經相當嚴重了。

一天，白居易閱卷困難，便去城外靈巖山遊走，也算忙裡偷閒小事休息。未料，歸返下山途中，坐騎閃失前蹄，冷不防將白公掀於馬下。隨從驚呼之餘，白刺史跌坐石板階臺，腰腿摔傷不能動彈，腳踝腫起。這是寶曆二年（西元八二六年）春天發生的事。

白居易臥床養傷，勉強處理州務。靜思三品大員俸祿優厚，卻不能躬親衙案，處置軍民諸事，「水旱合心憂，飢寒須手撫」，內心深感愧疚。文武要事刻不容緩，案頭積案越堆越高，「腰痛拜迎人客倦，眼昏勾押簿書難」。堅持到六月，白居易做出一個重要決定：上奏朝廷，請告百日長假。

依唐律，請告此假近乎辭官卸印，告老還鄉。《唐會要》載：「職事官假滿百日，即合停解。」聞聽此訊，蘇州諸官急忙勸阻，人們捨不得一位好官離去。而廉臣白公決心已下，「今秋歸去定，何必重思量」，他不願因為身心病痛，虛占重位，耽誤上州軍政黎民大事。反觀庸官往往以病稱健，死保權柄，怎麼捨得拋官棄印？

九月，百日假滿，例停州官。白居易頓感快意解脫，「自此光陰為己有，從前日月屬官家。樽前免被催迎使，枕上休聞報坐衙。睡到午時歡到夜，回看官職是泥沙」。這首詩題為〈喜罷郡〉，因罷官而喜悅，視官職為泥沙，真是古今稀有。他形容自己此刻歡欣，如同「馬辭轅下頭高舉，鶴出籠中翅大開」，讓人一讀難忘。

別姑蘇，近洛陽，白居易又將兩塊太湖石搬入船艙。辭杭州兩塊天竺石，別蘇州兩塊太湖石，可以安放履道里院中池畔，永誌廉風。

和杭州民眾一樣，蘇州軍民一路相送。山塘堤畔，眾多民船伴隨白公官船，一直送到十里之外。此情此景如風傳送，詩豪劉禹錫聞訊感動，立作〈白太守行〉：

聞有白太守，拋官歸舊溪。
蘇州十萬戶，盡作嬰兒啼。
太守駐行舟，閶門草萋萋。
揮袂謝啼者，依然兩眉低。

……

「蘇州十萬戶，盡作嬰兒啼」，詩句顯然誇張。而劉禹錫平生很少溢美同僚，看來這次是真受感動，真心讚譽白公高德矣。

蘇州城隍廟裡，白居易被尊為城隍神，至今尚存。

二十一、二辭刑部侍郎官

大和元年（西元八二七年）早春，經過一番旅途勞頓，白居易回到洛陽。

怎麼又成了大和元年？說來中唐真是不幸。就在白公棄官返洛途中，京都再度發生劇變：少年天子敬宗李湛，一味遊嬉淘氣，不辨閹黨陰謀，臘月初八晚，在深宮捕獵夜狐，收兵酒罷，竟被一群宦官活活掐死，年僅十八。事發後，另一派宦官聯合老臣裴度，調神策軍將士奮起反擊，誅殺奸臣閹黨一百多人，遂立前穆宗次子李昂為帝，是為文宗，改年號大和。

深宮弒君動亂，白公途中始知，新帝李昂與亡帝李湛乃同父異母兄弟，年齡相仿，亦不過十八。白公深嘆吾唐多災多難，自安史之亂後，玄宗換肅宗，換代宗，換德宗，換順宗，換憲宗，換穆宗，換敬宗，今復換文宗，除憲宗外，一代不如一代。眼見得京都宦官專權，派系競爭激烈，地方藩鎮跋扈，盛唐不再，國是日荒。白居易深居洛陽，先撫天竺石，又撫太湖石，倍感朝綱無望。兼有愛弟白行簡亡故之悲，真是「孤苦伶仃，又加衰疾，殆無生意，豈有宦情」？

不過，白居易從中央到地方，雖然久歷「宦情」，這一次局勢判斷卻有所偏差。文宗李昂，大大有別於李湛前朝，李湛享樂誤國，李昂則厭荒嬉而思進取。《資治通鑑》評價這位皇帝「深知兩朝之弊，及即位，勵精圖治，去奢從儉」，志在重整河山，再圖復興。他重用良臣裴度、韋處厚為相，又詔命崔群還朝擔任兵部尚書，繼而調命多位忠良回京任職。朝廷政局發生了很大變化，大唐似乎又有了希望。

在這種情況下，三月裡，文宗帝聽從裴度、韋處厚兩位宰相意見，調白居易回京任職，令白公重新燃起報國之心。

一個不戀宦途的人，偏有高官加身。文宗希望一代鴻儒，能在思想倫理和宗教哲學方面，發揮引領的作用，特別調遣白居易出任至榮至貴的「祕書監」一職，佩金魚袋，脫卻緋袍換紫袍，秩從三品。青年白居易入朝之始，便從祕書省起步。昔日小小校書郎，如今尊為祕書監，果然世事難料。

天子登基元年，舉行一系列的慶典。祕書監白居易，主持儒、佛、道三教高峰論壇，文宗帝親自坐鎮聽講。白公領銜儒家「第一座」，與佛、道兩家大師級人物各執一詞，唇槍舌劍，進行激烈辯論。三派首座各以滿腹經綸公開論戰，互不相讓，精彩紛呈，白居易據此寫就名篇〈三教論衡〉，謂「初若矛戟森然相向，後類江河同歸於海」，三教論點殊途同歸，支撐大唐思想生機。論壇成功，文宗大喜，後有陳寅恪先生指出，正是這種充分討論，豐富和完善了古代思想體系，「自晉至今，言中國之思想，可以儒釋道三教代表之」。

次年春，白居易由祕書監轉任刑部侍郎，前後品階相差不大，然六部大員實權所在。這顯然是君臣們為白居易擢升宰相鋪陳準備的。天時地利人和，更高榮光，指日可待。反觀白居易，卻不驚不喜，似有所憂。

果然，廟堂劇變往往出乎君臣意料。當朝宰相韋處厚，忽然在早朝時病發，次日即亡。緊接著半月之內，御史大夫孔戢、吏部尚書錢徽、戶部尚書崔植，相隨辛相接連逝去。四位重臣集中離世，凶兆震盪朝野。四人皆為白居易好友，韋處厚尤似白公精神支柱。二人早年都以校書郎起步，同年參加吏部制舉，元稹第一名，韋處厚第二名，白居易第四名，同科十八人同年授官。穆宗朝，韋處厚、白居易同履中書舍人，朝夕相處，共襄國是。私下裡，二人同往佛寺受戒學經，同門弟子，手足情深。去年白居易從洛陽還京，大多就是因韋處厚而來。今摯友良臣如燈忽滅，白居易痛不欲生，深受打擊，倍感孤單，也讓老臣裴度獨臂難撐大局，陷入艱難中。

再看文宗皇帝，畢竟年輕急躁，心向復興而謀略不足，集中表現在朝令夕改，人事調動輕率頻繁，顧此失彼。韋處厚等四臣一死，同盟力量渙散，牛黨領袖李宗閔地位竄起，進相意圖明顯，豈料，文宗帝卻調李黨領袖李德裕回朝，致牛李黨爭急遽升溫，很快地李宗閔就被排擠出京外任。文宗嘆息：「去河北賊易，去朝中朋黨難！」白居易雖然一向不選邊站，卻與許多牛黨要員為親友，他夾在兩黨之間憂煩紛擾。還有一位王涯，曾在白公貶謫江州之際落井下石，今亦回京謀相，同朝為政，更是雪上加霜。

入相時機轉瞬即逝，大部侍郎實難報國。中唐久病沉痾，百種危機，分明大勢已去，亦非一君一臣可以挽救復興，白公決心不再留戀這一切，廉臣淨身出朝，不可尸位素餐。大和三年（西元八二九年）正月白居易正式向尚書省告請百日長假，靜待假滿，棄官返洛。如能攜一閒職分司東都，那就更合心願。

一個當朝紫金高官，若非保有清醒的頭腦，絕不至於告假退居。京官榮華尊貴，只要尚存一分進取希望，誰能輕言放棄？而有專家一語道破玄機：「樂天之思想，一言以蔽之日『知足』，知足之旨，由老子知足不辱而來。」官不論大小，知足始廉，勢不論逆順，知足始安。

白居易請告長假辭官，已經是第二次了。他「知足保和」退身之策，使他一次次躲過明槍暗箭，度過重重危難，也保全了自己廉潔清正的美名。

三月末，刑部侍郎白居易百日假滿，例當去官。吏部諸官和文宗皇帝，感佩白公高德，特授予太子賓客之官，分司東都，充分滿足了白公意願。太子賓客意近皇太子請來的輔導老師，乃東宮屬官，常設四人，正三品，「資位閒重，其流不雜」，實為厚祿閒職，衣食無憂，除了手無實權，其餘樣樣都有，攜此美職而分司東都，即可回到洛陽定居，完全可以實現白居易所嚮往的「中隱」之願。

回望長安，表面依然燦爛，白居易最後一次帝都參政，擔任祕書監和刑部侍郎兩種高官，跨越了三個年頭。從此以後，「倚瘡老馬收蹄立，避箭高鴻盡翅飛」，告別京都隱去。靜心安餘歲，還我自由身。

年近花甲的白居易能夠靜心安歲嗎？恐怕還是不能。

二十二、河南府尹憂貧寒

大和四年(西元八三〇年)四月末，白居易兩袖清風回歸洛陽，以太子賓客分司東都。他心情舒展，釀酒伺鶴，日趨佛境，效法謝安、陶淵明，最合「中隱」妙選。「中隱」一說，既區別於山鄉耕種之小隱，又不同於都市藏身之大隱。白公〈中隱〉詩曰：「大隱住朝市，小隱入丘樊。丘樊太冷落，朝市太囂喧。不如作中隱，隱在留司官……」說白了，既要逃避亂世，但也不要受窮，休閒躲避是非爭鬥，還鄉仍有官俸維生。白居易中隱思想，探索了一條士人躲避高壓和專權困境的突圍之路，實為官員人生無奈選擇。在政治生態惡劣無法實現抱負的情況下，中隱避世不失為一種優良選擇，對後世產生了持久而又消極的影響。此說究竟是落後還是超前，千年來評議不斷，大有深意。

白居易向以「中人」自我定位，他沒有豪強蔭族背景，平生在官與民之間有過多次轉換：父親去世全家由官轉民，科舉入朝則由民進官，為母丁憂返鄉為民，丁憂期滿重返為官，繼遭貶放青衫近民，量移忠州有幸復官，返朝高就又求外任，蘇杭辭官攜石還家，復為侍郎再度為官，如今中隱花甲還家，身分損益循環迭變，忽高忽低，充滿磨鍊，這種獨特的人生經歷，使他總是以庸常俗態看待自身，又能以平民情感審視官衙履政。關切國計民生，同情老弱婦童，構成他持廉守則、勤政為官的思想基礎，高官可辭而民本難丟。眼下樂天亦官亦民，厚俸中隱，避開了明槍暗箭，得到了安全自由。

大俗大雅白居易，正得半仙之樂，大和四年（西元八三〇年）歲末，兩位朝廷中官忽然光臨履道里，宣讀黃紙詔書，詔命太子賓客白居易改任「河南尹」一職，即日上任。白公一驚，伏地思量，忽得大府高官，不敢貿然欣喜，一點心理準備也沒有，「老身欲起尚遲疑」。

唐代除去邊關都護府，內地直設只有三府：帝都京兆府、東都河南府、北都太原府，三府不歸藩道節度，長官不稱刺史稱「府尹」，在地方官員中尤顯權貴，仰求而難得。河南府下轄二十六縣，府衙就在洛陽城中，白居易執政連家都不用搬，俸祿又厚一層。這等好事，如何落在一位無心爭官的閒人身上？白公意外之餘，又生不願捲入黨爭傾軋之慮。因而遲疑猶豫片刻還得遵旨接詔。文宗皇帝顯係聽從新宰相牛僧孺等人薦舉，又信任白公，始有此任。總之，他還是難得清靜安歲之間。

這年冬天，洛京朔風呼嘯，寒冷刺骨。白居易身在衙署不改初心，一想到苦難的中原黎民，尚在風雪裡飢寒掙扎，不由得滿懷愧疚。他提起筆來，慢慢吟成〈歲暮〉一首。府尹動真情，與君細細品：

慘澹歲雲暮，窮陰動經旬。
霜風裂人面，冰雪摧車輪。
而我當是時，獨不知苦辛。
晨炊廩有米，夕爨廚有薪。
夾帽長覆耳，重裘寬裹身。
加之一杯酒，煦嫗如陽春。
洛城士與庶，比屋多飢貧。
何處爐有火，誰家甑無塵。
如我飽暖者，百人無一人。
安得不慚愧，放歌聊自陳。

筆者累讀〈歲暮〉，深深感動。一個富貴高官，能以米、薪、酒、夾帽、重裘等飽暖物資，對比士庶霜風裂面、冰雪摧車，更聯想到大多數飢貧之家爐中無火，灶具蒙塵，「如我飽暖者，百人無一人」，為貧富懸殊而愧疚傷感，這樣的高官古今稀少，與白詩早期情懷一脈相承。

詩中又見「重裘寬裹身」之句，白公以裘衣入詩，作為意象多次運用。早在杭州時期，白刺史就製作兩件裘衾贈送寒士，「此時太守自慚愧，重衣復衾有餘溫。因命染人與針女，先製兩裘贈二君」。而僅僅兩件裘衣是遠遠不夠的，「我有大裘君未見，寬廣和暖如陽春……若今在郡得五考，與君展覆杭州人」。如果我在杭州任職五年，我就會用一張厚大的暖裘，庇護所有的杭州人民。這是八年前的事了，今在河南府尹任上，白公再次借裘衣抒發志願。一首〈新制綾襖成感而有詠〉，古今傳誦。前四聯細述綾襖如何高級舒適，後三聯筆鋒直轉：

百姓多寒無可救，一身獨暖亦何情？
心中為念農桑苦，耳裡如聞飢凍聲。
爭得大裘長萬丈，與君都蓋洛陽城。

白居易一生崇敬杜甫，此詩與「安得廣廈千萬間，大庇天下寒士俱歡顏」有異曲同工之美德。論家認為，杜甫因「飢寒而憫人飢寒」，白居易因「飽暖而憫人飢寒」，還是有很大區別。也許，自身飽暖而念念不忘他人飢寒，更少見一些。總之，杜甫與白居易，從青年到老年，報國愛民之心始終未泯，這是傳統文化中閃耀著人道光輝的重要一面，也是優秀的一部分。

這本小書旨在廉政而免議詩文，除非躲不過去才稍加淺涉。這裡還說白公為官之道。白居易任職河南府尹，已過花甲之年，政務繁忙深感吃力。在此前後，他有多位好友紛紛去世，尤其是元稹、李絳和崔玄亮三人均與白公肝膽相照，今卻不辭而別，突然走向人生盡頭，對白公打擊尤其沉重。特別是李絳這位大忠臣，被亂兵殺害於山南西道，背後竟是監軍宦官陰謀挑撥所致。而朝中牛李黨爭幾乎已經搬到檯面上，到大和六年（西元八三二年）冬天又一次翻盤。文宗皇帝已被宦官和黨爭所左右，眼見得中唐復興大業幾無希望，漸行漸遠。白居易失去了盡忠報國的最後希望。

大和七年（西元八三三年）正月，白居易再次做出決定，請告長假養病，辭官河南府尹。這是白公第三次長假休官了。

四月二十五，朝廷派來新官，與白居易交接府尹之印，一切順利。白公知足不辱，退而有益，朝廷復授太子賓客分司東都，重歸中隱之道。這年，白居易六十二歲。

二十三、月俸百千官二品

白居易辭去河南府尹之後，盡日饞酒戀詩，所謂各種病痛很快就痊癒不見。逍遙自在之間，還不斷為自己增添新名號，自謂「白衣居士」、「香山居士」、「醉吟先生」等。正是「一足任他為外物，三杯自要沃中腸。頭風若見詩應愈，齒折仍誇笑不妨」，可見辭官加詩酒，祛病解煩憂，確有療效。牙齒快掉光了，並不影響我哈哈大笑，「身作醫王心是藥，不勞和扁到門前」。（〈病中詩十五首〉）

白公才學驚世名震殿堂，卻能以謙善待人，誰想要和他打交道，性格迥異、不同黨派、身分高低都不成問題。上至帝王將相，下至農夫歌女，都能平等看待，雖貴猶俗。這樣做人處世，自然減少了敵人而機緣增多。人言運氣好，實則品德高。

你看，到醉吟先生六十四歲那年，即大和九年（西元八三五年）九月，白居易再次官運來臨。那一天，履道里又來了兩位傳詔公公，一進大門，便唱賀太子賓客接旨，樂天從容跪地聽宣：詔命白居易前往京畿屏障同州，接任刺史重印。同州（今陝西渭南大荔）向為長安東部屏障，物資重鎮，重兵駐守，刺史俸祿尤為豐厚。宣旨完畢，受命之官例應大謝皇恩，接旨遵行，卻見白公久跪不起，一邊謝恩，一邊稱病，連連推卸此任，兩公公從未見過此等不願做官之臣，相目驚異。白公保持著清醒的頭腦，再不願像上次遲疑受命，很快寫成一詩，拜託使者回京覆命：

同州慵不去，此意復誰知。
誠愛俸錢厚，其如身力衰。
……
白髮來無限，青山去有期。
野心唯怕鬧，家口莫愁飢。
責卻新昌宅，聊充送老資。

有病且老，不能因貪愛厚俸而勉強就任，故怨我不履君命，辭去同州之官。理由正當，無可厚非。而實質原因並不在此。白公居洛五載，累見過客匆匆，升貶文武百官如過江之鯽，皆因朝中動盪紛爭不寧。唐文宗為改寫前朝先帝受害於內宮之悲劇，急於剷除宦官惡勢力，由此輕率信用新臣李訓和鄭注。兩人同任翰林學士，李訓升為宰相，連續驅貶牛李兩黨出朝，致三位老宰相和一干重臣離任。而李訓、鄭注不過機辯貪功之輩，胸中並無韜略，只怕是除闇不成，反禳禍災。此去同州蹚渾水，何如安貧隱東都？

這一來，太子賓客丟了，同州刺史又辭，白公無俸，親友們多有怨言，且深恐天子不悅。白公則一如既往，泰然處之，皇城新昌坊舊宅再無大用，何不將其賣之度貧？

白公辭官不就，詩章傳回長安。他不爭官權，棄厚俸而不取，還打算賣掉京都宅院，「聊充送老資」，如此清廉淡泊之舉，與朝中爭焰態勢形成鮮明對比，得到君臣上下一致讚譽，深深觸動了文宗皇帝那顆焦慮的心。文宗一面改調劉禹錫前往同州補缺，一面決計對廉臣白居易給予擢獎。於是，在度過了五十天空白期之後，白公反而加官晉爵：由太子賓客升任太子少傅，同時晉封「馮翊縣開國侯」爵位。

因辭官而升官，結局完全出人意料。且符合白公「中隱」的願望，是大可以接受的。太子少傅與少師、少保並稱「太子三少」，官秩二品，距東宮頂級「太傅」僅差一級，共管太子陳王德才教喻。與勳位「上柱國」搭配，冊封「馮翊縣開國侯」，為唐代仕人絕難企及之皇室爵位，此前大詩人中，只有功臣高適得到過這份榮光。唐詩有句云：「憑君莫話封侯事，一將功成萬骨枯。」

還是前面那句話，人言運氣好，實則品德高尚。面對升官封侯，白居易十分自省，「月俸百千官二品，朝廷僱我作閒人」，「默默心自問，於國有何勞？」深感老而無功，對不起這般優厚俸祿，遙想入朝之初，樂天以九品校書郎取俸，說「俸錢萬六千，月給亦有餘」，至八品左拾遺月俸三萬多，戶曹參軍四萬多，江州司馬六七萬，蘇杭刺史俸更高。今升遷太子少傅，「月俸百千官二品」，即十萬開元銅錢，折合白銀一百兩，休說一般唐官無法相比，即使重臣宰相，大多數也達不到如此高薪，白居易官俸收入一向公開，清清白白。

災難驗證了白居易幾年以來所有的預感和焦慮：同年，文宗皇帝利圖重振朝綱，卻急於求成，默許李訓、鄭注強行剷除閹黨。但李訓、鄭注各懷私念，誅殺計畫步調不一，反被宦官暴力反撲，於十一月二十一釀成中晚唐最大宮廷慘案，史稱「甘露之變」。近千名大小朝官被閹黨殺害，李訓、鄭注以及四位宰相盡成宦官刀下亡魂，十多戶重臣家族被追殺，城頭首級高懸，宮廷屍橫遍地。血腥噴湧，文宗被閹黨控制，國運氣脈大傷。

為了驅除朝野驚恐晦氣，唐文宗詔令停止四時八節所有進奉，免去京兆府一年稅賦，於次年正月更改大和年號為「開成」。文宗帝處在凶惡宦官圍困之中，振興之夢消散而去。勉強維持到開成五年（西元八四〇年），文宗含恨而終，年僅三十二歲。宦官們當即推擁文宗之弟李炎登基，是為武宗。白少傅所輔佐的太子陳王李成美，不但未能繼承皇位，反被殺害。至此，白居易對大唐朝政再也不抱幻想，一心一意向佛吟詩，回憶江南好，編纂詩文集。

二十四、辭少傅渡艱危

武宗李炎登基二十七歲，為唐代第十六位皇帝，新開「會昌」元年，武宗同樣憎恨宦官，為挽救大唐，以強力對抗閹黨，一改文宗輕率用人之弊，重整朝綱，為晚唐帶來最後一道迴光返照。

這一年，白少傅七十大壽。

這時候出現一個難題：從周朝至唐朝，官員們到了古稀年齡，通常情況下就該告退休身，例稱致仕。致仕一詞相對於入仕，意即把官權送還皇室。而這一規則執行起來相對寬鬆靈活，並非剛性法則。《唐會要》繼「年七十以上應致仕」一句之後，還有第二句「若齒力未衰，亦可釐務」，因而，高齡為官者不乏其人。更有不少官員難捨高官厚祿，以種種理由拖延不退，或言欣逢盛世，寧願多作點貢獻，或言身體康健，不妨繼續盡忠，官職越高越「靈活」。

武則天時代，有兵部侍郎侯知一，年過七十而稱健，不願致仕，為了證明自身，侯侍郎利用百官賀朝之機，當著女皇的面，「踴躍馳走，以示輕便」，限於朝堂空間不足，侯翁不惜幾度回返，形同折返跑。同僚嘲諷之聲留載史上。當朝亦有大書法家柳公權，乃白居易同級太子少保，八十歲還要留任，上朝時登臺階已經氣喘吁吁，頭腦昏昏沉沉，竟然把皇帝尊號念錯，百官大譁，即遭御史彈劾，罰去一季俸祿，柳公權仍不以為羞，又堅持了兩年才退……如此年高不退現象，多發生在五品以上高官之中，而六品以下中低階官員，一到年齡則必須退休，沒有商量餘地，且無半俸養家。

白居易一向認為，官員七十而退，有利於朝政新舊更替，五品以上官員同樣不該違反自然規律，破壞禮法，更不能倚老賣老，與朝廷討價還價。白公年輕時曾作《秦中吟》組詩，內有一首〈不致仕〉，專門諷刺這類高官：「七十而致仕，禮法有明文。何乃貪榮者，斯言如不聞？可憐八九十，齒墮雙眸昏，朝露貪名利，夕陽憂子孫……誰不愛富貴，誰不戀君恩？年高須告老，名遂合退身。」此詩切中時弊，傳遍朝野上下，深得仕人認同。

轉眼間，當初創作發表《不致仕》的作者，也到了古稀之年，更有高官厚祿加身。那麼，廉潔白公能否做到前後一致，知行合一？答案是肯定的。依據規則，告退老官例應首先奏章申報吏部，等待皇帝批准後，獲取半俸，完成致仕程序。但皇帝御批結果無定，有可能長久思量不決，甚或因偏愛屬臣而不予批准。白公在朝德高望重，這種可能性是存在的。前不久，重臣裴度兩次申報致仕，文宗帝挽留不准，並派裴度前往太原扼守北都，結果裴公老病任所，疾返長安醫治無效而逝。看來，履行申報程序過程緩慢，情況複雜，未必能夠達到白公即退之目的，徒惹不明內情者閒言碎語，玷汙白公廉名。

好辦法唯有另闢蹊徑：再次告請病患長假。如前所述，《唐會要》卷八十二休假條下，注云：「職事官假滿百日，即合停解。」對，一到百日之期，即可自動辭官，也就達到了致仕心願。會昌元年（西元八四一年）初，太子少傅白居易毅然做出這一決定，省卻所有奏報待批章程，遵守禮法，告病致仕。

親朋老友聞訊，紛紛表示反對。

白居易平生先後五次以長告病假辭官，史所罕見：第一次是寶曆二年（西元八二六年）五十五歲，告辭蘇州刺史。第二次是大和三年（西元八二九年）五十八歲，辭官刑部侍郎。第三次是大和七年（西元八三三年）六十二歲，辭官河南府尹。繼而以病辭退同州刺史，為第四次辭官。第五次就是眼下七十歲，告請長假再辭太子少傅。

前四次反對聲音不多，親友尊重白公考量自選，幾無非議。這次卻很不理解，只因情況不同。一者人老了，一經告辭則很難復出，二者七十不退之臣，在史上、當朝比比皆是，前賢賀知章八十六歲始告還鄉，「兒童相見不相識」，狄仁傑、郭子儀畢生在朝，被尊為「國老」、「尚父」，當朝柳公權老、裴度老誰人不知？三者病退辭官不同於皇帝正式批准致仕，而未經批准自主告退，即行停俸，便得不到半俸待遇，全家陷入貧困，又談何中隱逍遙？

親友勸阻白公，希望維持現狀，白少傅充耳不聞，告退態度十分堅定，寧願無俸受貧，不願尸位素餐。結果，年初呈請長假，四月到期，吏部果然停官停俸，家人無不面含憂色。白居易卻很高興，認為自己履行了當初諾言，遵守了朝規禮法，作〈百日假滿，少傅官停，自喜言懷〉一詩，自己舉杯慶賀：「長告今朝滿十旬，從茲瀟灑便終身……人言世事何時了，我是人間事了人。」

親友所憂也很現實，白居易辭官停俸以後，致仕半俸久久不見朝廷批准，而家中柴米油鹽醬醋茶，還有酒，一樣也不能缺少。偏在此時，女婿病故太原，女兒攜兒帶女前來投靠，白家經濟負擔又添一筆。全家漸漸坐吃山空，家人怨聲四起，實際困難該如何解決？平民布衣白居易一味饞酒，酒醒後只好思謀著變賣家產田地：

二年忘卻問家事，門庭多草廚少煙。
庖童朝告鹽米盡，侍婢暮訴衣裳穿。
妻孥不悅甥姪悶，而我醉臥方陶然。
起來與爾畫生計，薄產處置有後先。
先賣南坊十畝園，次賣東都五頃田。
然後兼賣所居宅，彷彿獲緡二三千。
半與爾充衣食費，半與吾供酒肉錢。
……
死生無可無不可，達哉達哉白樂天。

（〈達哉樂天行〉）

樂天貧不悔廉，晚年通達樂觀，但一個二品大員之家，貧困到變賣田地房產之境，實在令人心寒。還有一首〈官俸初罷，親故見憂，以詩喻之〉，尤見困苦：「困中殘舊谷，可備歲飢惡。園中多新蔬，未至食藜藿。」藜藿是什麼？是野菜，泛指窮苦人家粗劣的飯食。此乃「七年為少傅，品高俸不薄」大名流之家所面臨的現實生活。

這一類作品是白居易千百首詩詞當中最不起眼、最平淡的部分，但也是最貼近自家生活的真實筆墨。想一想白公官位之高，名氣之大，再來細品這些黯淡詩句，更加驚心動魄。千年之後，許多官員億萬錢財花不完用不盡，仍然貪得無厭，不知道他們能否讀懂這般通俗詩句？

直到會昌三年（西元八四三年）春季，白居易終於得到朝廷退休詔令。武宗皇帝還不錯，詔批白公以刑部尚書致仕，由此開始發放半俸。如從會昌元年（西元八四一年）春夏算起，白居易告退停俸長達兩年之久。

二十五、施家財開鑿八節灘

白居易七十二歲以刑部尚書致仕，級別與太子少傅差不多，都是正三品以上高官。這一級的半俸具體多少錢，白公這回沒有細講，只在詩中愉快地表示「半俸資身亦有餘」，全家不用考慮賣宅賣地了。三品官半俸，應該接近五品官水準，其計算方法包含多項指標，不是專家算不清楚。

就是這樣一筆俸祿，無官不做事，白公頗有愧疚之感，他經世惠民之心依然鮮活。白公常常登臨香山佛寺，與「悲智僧道」談經論佛，撫省平生。香山寺位於伊河高岸之上，白公憑欄遠眺，但見伊河激流浩蕩，中間一段八節灘，航道狹窄險峻，有九峭巨石立於激流中，險情十里。舟船日夜往來，每過險灘激流，艄公無不膽寒。時常發生船破人亡的事故。

白公一生興水治水。面對航道險情，伊河激浪又揚起他滿懷熱血：「八節灘，九峭石，船筏過此，例反破傷。舟人楫師推輓束縛，大寒之月，裸跣水中，飢凍有聲，聞於終夜。予嘗有願，力及則救之。」所謂救之，就是清除九峭巨石，疏通航道。而白公如今無官無權，不能再像當年杭州治西湖、蘇州治山塘那樣，領銜政府工程，出面主持施工。文中「力及則救之」，實在力不及矣。

怎麼辦？白居易思量再三，不忍放棄，我手中尚有半俸，身邊大有人脈，更有號召力，何不由我帶頭集資，來個民間總動員？身邊寺院僧侶、地方豪強，都可以合力募資開鑿險灘航道，完成善舉。於是，會昌四年（西元八四四年）冬，白居易以七十三歲名流老翁之身，首施家財，號召香山寺院、伊河富人「適發同心，經營開鑿，貧者出力，仁者施財」。白公在〈開龍門八節石灘詩二首〉序言中繼續寫道：「從古有礙之險，未來無窮之苦，忽乎一旦盡除去之，茲吾所用適願快心，拔苦施樂者耳，豈獨以功德福報為意哉？」細讀這段話，可知白公並不在意功德福報，唯以盡除險灘阻礙，解決航道之苦為快。

今有白高來、白振修《白居易與洛陽》一書中記述工程：「白居易和大家決定，利用冬季伊河水量較小的時節，鑿石挖河。伊河流域的船工們，龍門一帶的百姓和石工，聽說白大人有此壯舉，紛紛自帶工具前來，在八節灘熱熱鬧鬧地挖了起來，白居易三天兩頭親自到八節灘視察。」

決策得人心，百姓齊努力。白居易「唯人瘼是求」，晚年又為伊河人民做了一件大善事。讓我們共同欣賞白公八節灘工程兩首詩，看看古稀老廉臣氣魄如何？

其一

鐵鑿金錘殷若雷，八灘九石劍稜摧。
竹篙桂楫飛如箭，百筏千艘魚貫來。
振錫導師憑眾力，揮金退傅施家財。
他時相逐西方去，莫慮塵沙路不開。

其二

七十三翁旦暮身，誓開險路作通津。
夜舟過此無傾覆，朝脛從今免苦辛。
十里叱灘變河漢，八寒陰獄化陽春。
我身雖歿心長在，暗施慈悲與後人。

（〈開龍門八節石灘詩二首〉）

白居易晚歲鑿通八節灘，這樁善事在《新唐書．唐才子傳》中，在宋朝陶穀文章中，在朝鮮古人高敬命筆下，均有記載。白公領導完成的杭州西湖、蘇州山塘、洛陽龍門三大水利工程，和他的千百首詩賦一道千古傳誦。

二十六、二十任四十年

白居易出生在唐代宗大曆七年（西元七七二年），二十九歲赴京趕考，進士及第，再考入朝，任九品校書郎。如果從這時算起，他的政治生涯歷經大唐德宗、順宗、憲宗、穆宗、敬宗、文宗、武宗七朝皇帝，到白公七十五歲那年，即會昌六年（西元八四六年），三月裡，唐武宗又因吞服丹藥駕崩，當日新帝李忱即位，是為宣宗，年號大中。如果從代宗朝白居易讀書算起，到這時宣宗一朝，他人生經歷了九朝帝王政期。唐朝總共二十幾位皇帝，長壽白居易伴隨了差不多一半，真可謂歷盡滄桑，嘆為觀止。

白公晚年看透生死，自撰一篇〈醉吟先生墓誌銘〉，文中總結自己：「始自校書郎，終以少傅致仕，前後歷官二十任，食祿四十年。」書到尾聲，筆者且將此「歷官二十任」整理出來，給予讀者一個比較條理的印記，白居易廉政事功盡在其中：

1. 二十九歲（西元八〇〇年）考取進士，三十二歲考授祕書省校書郎。

2. 三十五歲（西元八〇六年）再考，授周至縣尉。
3. 三十六歲（西元八〇七年）回京，任集賢院校理，翰林學士。
4. 三十七歲（西元八〇八年）任左拾遺，翰林學士。
5. 三十九歲（西元八一〇年）改京兆府戶曹參軍，翰林學士。
6. 四十三歲（西元八一四年）結束服喪，授太子左贊善大夫。
7. 四十四歲（西元八一五年）貶任江州司馬。
8. 四十七歲（西元八一八年）量移忠州刺史。
9. 四十九歲（西元八二〇年）回京，任尚書省司門員外郎。
10. 五十歲（西元八二一年）轉任主客郎中、知制誥、加朝散大夫。
11. 五十歲（西元八二一年）升任中書省中書舍人，授勳上柱國。
12. 五十一歲（西元八二二年）外任杭州刺史。
13. 五十三歲（西元八二四年）返洛，任太子右庶子分司東都。
14. 五十四歲（西元八二五年）詔任蘇州刺史，後以病辭。

15. 五十六歲（西元八二七年）回京，任祕書省祕書監。
16. 五十七歲（西元八二八年）改任刑部侍郎，後以病辭。
17. 五十八歲（西元八二九年）離京回洛，任太子賓客分司東都。
18. 五十九歲（西元八三〇年）任河南府尹。
19. 六十二歲（西元八三三年）再授太子賓客分司東都。
20. 六十四歲（西元八三五年）詔任同州刺史，以病辭任。
21. 六十四歲（西元八三五年）任太子少傅分司東都，晉爵馮翊縣開國侯。
22. 七十二歲（西元八四三年）詔批刑部尚書致仕。

醉吟先生自撰墓誌銘到此為止，所謂「歷官二十任，食祿四十年」概取整數而言，細算起來尚存差異。此外，白公病逝，唐宣宗贈予「尚書右僕射」榮譽官銜，樂天對此並不知情，自然沒寫進去。後人說起白居易官職，皆以太子少傅或尚書致仕為念。至於勳號爵位雖高，卻不明其美，且不算職事官稱，也就很少提及了。

會昌六年（西元八四六年）八月，白居易在洛陽履道里平靜逝世，享年七十五歲。

《舊唐書．白居易傳》載：白翁辭世前「遺命不歸下邽，可葬於香山如滿師塔之側，家人從命而葬」。所使用的墓誌銘，由李商隱完成。

宣宗皇帝自幼熟讀白居易詩文，對白公充滿景仰之情。悉知白公仙逝，親作御詩悼念，並賜「尚書右僕射」，謚號「文」。隋制尚書省左右僕射各一人，主管六部，官同丞相。唐後專有宰相名詞，左右僕射漸成虛設，但仍是一種至高榮譽地位。而皇帝御賦詩篇弔唁屬臣，唐代詩人中僅此一例，就當時而言，更是無上殊榮。說明白詩傳誦，人性至上，天子也受到了深刻影響。呼應本書開頭：

綴玉聯珠六十年，誰教冥路作詩仙。
浮雲不繫名居易，造化無為字樂天。
童子解吟長恨曲，胡兒能唱琵琶篇。
文章已滿行人耳，一度思卿一愴然。

皇帝賦詩悼念樂天，譽為詩仙，語句誠摯不虛，更抓住了名詩要點，實在難得。只是沒有涉筆白公為官惠民、從政至廉這個方面，此詩不多議了。

白居易以民為本的政治理想、知足不辱的精神理念、凡俗入世的平民態度、法從自然的生活方式、忠厚善良的平等性情、精優豐厚的詩文創作、廉潔守正的為官準則，千百年來讓嚮往自由民主的文人學者奉為典範，更為平民大眾所衷心熱愛。他的人生踐行和輝煌成就，為中華民族傳統文化寶庫，留下了一筆珍貴遺產，最終超越時代，享譽世界，流傳後人。

白居易香山墓地，從建成到今天，祭祀人潮川流不息。《唐語林》載：「洛陽士人及四方遊人過矚墓者，必奠以卮酒，故塚前方丈之土常成渥。」謂官民祭奠廉臣詩王，墓地前頭常常灑酒成泥。

白公遺產，永垂青史。

今鑑古訓

述及以上，其實白居易之清廉操守對當下的啟示眉眼皆明。華人講求文如其人，索性先遊走於「文」，再返回其「人」，倒不失為一種特別的聯結。

白居易是中國歷史上久負盛名的偉大文學家，與李白、杜甫並列為唐朝三大詩人。因與元稹同倡文學變革，世稱「元白」，又與劉禹錫唱和密切，又稱「劉白」。他一生創作極為勤奮，為後世留下三千多首優秀詩歌，在唐代詩人中首屈一指。尤其是長篇敘事詩〈長恨歌〉、〈琵琶行〉和《新樂府》五十首、《秦中吟》十首等諷喻詩篇，歷經千載傳誦而不衰，建造了文化史上的一座高峰，影響極其深遠。白居易的詩不懼權貴，諷喻時政，在當時就有重大反響，以平易通俗貼近民心而膾炙人口，譽滿中晚唐。及至越洋跨海乘風流傳，被日韓視為唐詩突出代表。日本平安時期出版一部詩選，叫做《千載佳句》，收錄中日佳詩一千一百首，白居易獨占其中五百三十五首，令人驚嘆。白居易研究在日本早已系統化、專業化。西方國家介紹中國詩人的第一部傳記，就是《白居易的生活與時代》，民國年間在英美同時出版。白詩譯本多達一百八十九種，藏於世界各國一千八百多家圖書館，彰顯出詩歌超越時空的力量。

白居易去世那年，唐宣宗李忱繼位，這位唐朝第十七位皇帝同樣崇敬白公詩文。聞報大詩人辭世，即作御詩〈弔白居易〉，譽為詩仙。

皇帝御筆悼念詩人，評價至高，史上罕有，也僅在唐代見此獨例。不過，現今坊間已將「詩仙」之譽送給了李白，將「詩聖」稱號送給了杜甫，習慣上將「詩魔」、「詩王」之冕送給白居易，合稱「李杜白」，也是公平合理的。在大家心目中，他們都是雲霄間神仙般的人物，千百年鮮有而不可超越。

正因為白居易中外名聲鼎盛，詩歌膾炙人口，所以，當人們一提到他，即被其名篇佳作的魅力所吸引，好詩萬口傳誦，精義深入骨髓，一經傳喚，自有高峰光芒四射，輝映人間。於是，讀者們很忘情地忽略了白居易「為官二十任」，宦海大半生這一人生經歷，也忽略了他清廉報國、愛民克己的衙署往事，只把他當作詩人看待。其實，白公自身所長期堅守者，首先是做個好官，然後才輪到作好詩，吟詩作賦只是他人生的副產品。如果不了解這一點，則很難了解他的真實與偉大。古往今來，鑑賞白詩留有著作種種。可謂萬語千言汗牛充棟，而筆者認為，若要把白居易研究再進一步拓寬加深，就必須從唐朝政治經濟制度著手，切入白公憂國憂民，為官從政這個主體，才能別開生面持續研鑑。筆者這本小書，就算一次重政輕詩的粗淺嘗試。說白了，家國興衰、人情世態與大詩長吟，本來就是難以分割的。

詩語箴言

野火燒不盡，春風吹又生。

刑煩猶水濁，水濁則魚喁；政寬猶防決，防決則魚逝。

聖人非不好利也，利在於利萬人；非不好富也，富在於富天下。

君好則臣為，上行則下效。人之窮困由君之奢欲。

善除害者察其本，善理疾者絕其源。

天地不能頓為寒暑，必漸於春秋；人君不能頓為興亡，必漸於善惡。善不積，不能勃焉而興，惡不積，不能忽焉而亡。

酌人之言，補己之過。

動必三省，言必再思。

慎而思之，勤而行之。

臨官莫如平，臨財莫如廉。

試玉要燒三日滿，辨才須待七年期。

奢者狼籍儉者安，一凶一吉在眼前。

誰知將相王侯外，別有優遊快活人。

草螢有耀終非火，荷露雖團豈是珠。

仁聖之本，在乎制度而已

蝸牛角上爭何事，石火光中寄此身。

隨富隨貧且歡樂，不開口笑是痴人。

千里始足下，高山起微塵。

吾道亦如此，行之貴日新。

勸君少干名，名為錮身鎖。

勸君少求利，利是焚身火。

立采詩之官，開諷刺之道，察其得失之政，通其上下之情。

文章合為時而著，歌詩合為事而作。

詩者：根情，苗言，華聲，實義。

清能律貪夫，淡可交君子。

樂人之樂，人亦樂其樂。

憂人之憂，人亦憂其憂。

言者無罪，聞者足戒。
人言世事何時了，我是人間事了人。
性海澄渟平少浪，心田灑掃淨無塵。
心中為念農桑苦，耳裡如聞飢凍聲。
爭得大裘長萬丈，與君都蓋洛陽城。
水旱合心憂，飢寒須手撫。
我有大裘君未見，寬廣和暖如陽春。
此裘非繒亦非纊，裁以法度絮以仁。
安得萬里裘，蓋裹周四垠。
穩暖皆如我，天下無寒人。
救煩無若靜，補拙莫如勤。
削使科條簡，攤令賦役均。
耆老遮歸路，壺漿滿別筵。
甘棠無一樹，那得淚潸然。

稅重多貧戶，農飢足旱田。
唯留一湖水，與汝救凶年。
君以明為聖，臣以直為忠。
勿言舍宅小，不過寢一室。
何用鞍馬多，不能騎兩匹。
如我優幸身，人中十有七。
如我知足心，人中百無一。
剝我身上帛，奪我口中粟。
虐人害物即豺狼，何必鉤爪鋸牙食人肉！
玉向泥中潔，松經雪後貞。
君之作為，為教興廢之本；君之舉措，為人理亂之源。

電子書購買

爽讀 APP

國家圖書館出版品預行編目資料

白居易，寫詩也能治國：言官敢直諫，詩人不唱和，唐代最不乖卻最清明的官 / 趙瑜 著 . -- 第一版 . -- 臺北市 : 複刻文化事業有限公司 , 2025.09
面； 公分
POD 版
ISBN 978-626-428-241-3(平裝)
1.CST: (唐) 白居易 2.CST: 傳記
782.8418 114013016

白居易，寫詩也能治國：言官敢直諫，詩人不唱和，唐代最不乖卻最清明的官

臉書

作　　者：趙瑜
發 行 人：黃振庭
出 版 者：複刻文化事業有限公司
發 行 者：崧燁文化事業有限公司
E-mail：sonbookservice@gmail.com
粉 絲 頁：https://www.facebook.com/sonbookss/
網　　址：https://sonbook.net/
地　　址：台北市中正區重慶南路一段 61 號 8 樓
8F., No.61, Sec. 1, Chongqing S. Rd., Zhongzheng Dist., Taipei City 100, Taiwan
電　　話：(02) 2370-3310　　**傳　　真**：(02) 2388-1990
印　　刷：京峯數位服務有限公司
律師顧問：廣華律師事務所 張珮琦律師

定　　價： 280 元
發行日期： 2025 年 09 月第一版
◎本書以 POD 印製